LUDGER WÖSSMANN

LETZTE CHANCE FÜR GUTE SCHULEN

ZS DEBATTEN
Das kritische Sachbuch
im ZS Verlag Zabert Sandmann.
Eine Kooperation der ZS Verlag Zabert Sandmann GmbH
und der Elisabeth Sandmann Verlag GmbH.
www.zsdebatten.com

Gestaltung: Werner Kopp, Kuni Taguchi
Herstellung: Karin Mayer, Peter Karg-Cordes
Lithographie: Christine Rühmer
Druck und Bindung: Mohn media Mohndruck GmbH, Gütersloh

1. Auflage 2007
ISBN: 978-3-89883-187-1

LUDGER WÖSSMANN

Letzte Chance für gute Schulen

Die 12 großen Irrtümer
und was wir wirklich ändern müssen

ZABERT
SANDMANN

Inhalt

Vorwort

Deutschland geht es wieder gut, heißt es derzeit überall. Doch stimmt das? Vordergründig machen Wachstums- und Beschäftigungszahlen Hoffnung. Aber tatsächlich muss die Antwort entschieden »Nein« lauten. Unter der aufwärts strebenden Konjunkturkurve lauern schwere Probleme, die kurzfristige Auf- und Abschwünge überdauern.

Da sind die wachsenden sozialen Unterschiede, die Arbeitslosigkeit vor allem Geringqualifizierter, die unzureichende Integration von Migranten und das auf mittlere Sicht international abgeschlagene Wirtschaftswachstum. Insbesondere aber gibt es unsere eklatanten Schulprobleme, die spätestens seit PISA niemand mehr leugnen kann.

Was für eine großartige Chance wäre es, wenn wir all diese Fliegen mit einer Klappe schlagen könnten.

Wir können! Denn der Grundstein für die Zukunft unserer Kinder und unserer Gesellschaft insgesamt wird in der Schule gelegt. Was in unseren Schulen gut oder schlecht gemacht wird, beeinflusst unseren zukünftigen Wohlstand und das zukünftige soziale Wohlergehen in einem Maße, wie es den meisten – vor allem den meisten Politikern, Interessenvertretern, Lehrern und Eltern – nicht bewusst ist. Auch wenn der derzeitige konjunkturelle Frühling vielen den Blick darauf wieder versperrt: Mangelnde Schulbildung, gerade auch in Form kognitiver Fähigkeiten, wie sie durch PISA getestet werden, ist eine zentrale Ursache langfristig entstandener wirtschaftlicher Probleme. Eine Verbesserung der Schulbildung ist damit aber auch zentraler Bestandteil der langfristigen Lösung dieser Probleme.

Daher macht es mich als Schulforscher, als Wirtschaftswissenschaftler und als Vater manchmal wütend, wie in Deutschland über Schule diskutiert wird. Ich bin ein Mensch, der gut belegte Fakten immer einer inbrünstig vorgetragenen, aber erkennbar ideologisch gefärbten Meinung vorzieht. Lange gab es zur Schule keine solchen Fakten. Durch PISA und andere, weniger bekannte internationale Vergleichstests hat sich das mittlerweile geändert. Trotzdem tut bislang kaum jemand etwas dagegen, dass die alten ideologischen Diskussionen weitergeführt und die Fakten ignoriert werden. Auch nach PISA heißt über Schulpolitik diskutieren eigentlich immer nur, festgeschriebene Parteipolitik vorzutragen. Hinzu kommt, dass sich in Fragen der Schulbildung jeder für einen Experten hält – schließlich war man ja selbst in der Schule und hat möglicherweise auch noch Kinder dort. Dass sich die meisten für sachverständig halten, ist zwar nur allzu verständlich – aber es hilft für die Lösung unserer Probleme nicht weiter. Genauso wenig übrigens wie ein wieder in Mode gekommenes Fordern von mehr Zuneigung, mehr Vorbild, mehr Disziplin in der Schule. All das mag richtig und wichtig sein, sehr sogar – doch mit gut gemeinten Appellen ändert man nichts am realen Schulalltag. Unsere wahren Probleme liegen tiefer.

Unsere Schuldebatte, wenn wir das überhaupt so nennen wollen, läuft also schief. Das will ich ändern – das muss und das kann sich ändern! Denn ansonsten ändert sich auch an unseren Schulen nichts. Und das wiederum wäre das Schlimmste, was uns passieren könnte. Unser Wohlstand und unser sozialer Zusammenhalt würden nachhaltig gefährdet werden.

Ich bin überzeugt davon, dass wir nur durch eine Bildungs- und Schulpolitik, die auf real belegten Daten und Fakten basiert, den Kindern und Jugendlichen zu einer Bildung verhelfen, die im internationalen Vergleich bestehen kann. Nur dadurch kann die Wettbewerbsfähigkeit unserer Volkswirtschaft ebenso gesichert werden wie das individuelle Bestehen unseres Nachwuchses auf dem Arbeitsmarkt der Zukunft. Denn dort wird es auf Bildung noch weitaus stärker ankommen als bisher. Auch die Probleme, die wir derzeit mit der Integration von Migranten haben, sind zu einem nicht geringen Teil ein Problem unseres Schulsystems. Dasselbe gilt für die immer noch hohe strukturelle Arbeitslosigkeit, die vor allem Geringqualifizierte trifft. Und es gilt für die wachsenden sozialen Unterschiede, die auch darauf zurückzuführen sind, dass Kinder aus sozial schwächeren Schichten weniger denn je den Aufstieg schaffen.

Für eine systematische Verbesserung der Bildungsleistungen kommt es eben nicht auf die jeweilige Einzelerinnerung an die eine gute Lehrerin oder den einen schlechten Lehrer an – so bedeutsam diese für den Einzelnen auch gewesen sein mögen. Wir müssen vielmehr die endlich verfügbaren repräsentativen Schuldaten sprechen lassen – und darauf basierend bessere schulpolitische Entscheidungen treffen, als sie in den letzten Jahrzehnten getroffen wurden.

Mit diesen Daten habe ich mich seit nunmehr neun Jahren in meiner wissenschaftlichen Forschung beschäftigt. So lange untersuche ich schon die Fakten, die wir aus den Schülerdaten verschiedener internationaler Vergleichsstudien ableiten können. So lange schon lerne ich immer mehr dazu – durch die Beobachtung und Erforschung der Schulsysteme anderer Länder sowie durch die Diskussion mit unzähligen deutschen und internationalen Kollegen, sei es in Harvard oder Stanford, Brüssel oder Zürich. Die verhängnisvollsten Irrtümer, auf denen unser Schulsystem schon viel zu lange basiert, und die zentralen schulpolitischen Maßnahmen, die endlich eingeleitet werden müssen, beschreibe ich in meinem Buch. Interessanterweise bestehen

Irrtümer und Handlungsdruck ganz ähnlich bei unseren Nachbarn in Österreich und der Schweiz, die sich vielfach genau den gleichen Problemen und Herausforderungen gegenübersehen – und denen die gleichen Maßnahmen helfen würden.

Unsere Probleme bestehen übrigens nicht erst seit PISA. Mit schöner Regelmäßigkeit wurden und werden so genannte Bildungsreformen durchgezogen – ohne dass die jeweiligen Maßnahmen auf konkreten Fakten basiert hätten. Und ohne dass man überhaupt nur darüber nachgedacht hätte, einmal nachzuprüfen, ob nach der Reform denn auch wirklich bessere Ergebnisse erzielt wurden. Man wird den Eindruck nicht los, dass wir es vielfach auch lieber erst gar nicht wissen wollten. Es ist erschreckend, aber wir müssen uns eingestehen: Fast fahrlässig wurde eine dilettantische Schulpolitik gemacht – zum Schaden der Zukunft unserer Kinder.

So sind wir natürlich nicht weitergekommen – wie auch? Eher im Gegenteil. Heute dümpeln wir im grauen Mittelfeld, und wenn wir nichts ändern, wird auch unsere Volkswirtschaft bald dort stehen. Und die Ungleichheit der schulischen Leistungen hat so sehr zugenommen, dass Deutschland weltweit zur Ungleichheits-Spitzengruppe zählt – bedrohliche Aussichten für die zukünftige Entwicklung der sozialen Unterschiede in unserer Gesellschaft!

Schule lebt in dieser Welt, nicht in den Schein- und Wunschwelten der Meinungsmacher. Deshalb lässt sich aber glücklicherweise auch anhand der Fakten überprüfen, was funktioniert und was nicht. Darum – um die Fakten, die wir aus den internationalen Schülervergleichstests ziehen können – geht es in diesem Buch. Die Fakten sprechen für sich, und ich will ihnen Gehör verschaffen.

Die meisten Wissenschaftler haben die größten Vorbehalte, sich in öffentliche Debatten einzumischen. Vor allem, weil sie die gefundenen Zusammenhänge lieber hundertmal als ein Dutzend Mal unter verschiedenen Bedingungen, mit verschiedenen Daten und verschiedenen Methoden überprüfen möchten, bevor sie sie zur Diskussion stellen. Auch ich habe diesen Reflex. Denn es liegt in der Natur des wissenschaftlichen Erkenntnisprozesses, dass der jeweils aktuelle Stand des wissenschaftlich gesicherten Wissens immer nur ein vorläufiger ist. Politik muss aber in Echtzeit gemacht werden. Und da ist es tausendmal besser, wenn sie auf den – immer auch unvollkommenen – jeweiligen Stand des Wissens bauen kann, als wenn sie weiterhin nur von ideologischen Meinungsmachern, egal ob von links oder aus dem konservativen Lager, betrieben wird. Für mich ist der zum jeweiligen Zeitpunkt aktuelle Stand des gesicherten Wissens immer das Beste, was wir zur Fundierung politischer Entscheidungen haben.

Meine bisherige Erfahrung mit der Aufnahme meiner Forschungsergebnisse in Medien und Politik hat mich auch noch etwas Anderes gelehrt: Das generelle Interesse an den Erkenntnissen zum Thema Schule ist zweifelsohne da, aber sie werden nur sehr selektiv aufgenommen. So widmet man sich in Deutschland vielfach wesentlich interessierter den Ergebnissen, die zeigen, dass etwas nicht funktioniert, als den Ergebnissen, die beweisen, dass etwas funktioniert. Dabei sind doch gerade die konstruktiven Erkenntnisse der Punkt, an dem wir ansetzen müssen. Zum ideologisch durchdrungenen Charakter unserer Schuldebatte passt darüber hinaus, dass bestimmte Interessengruppen immer nur solche Erkenntnisse aufnehmen wollen, die ihnen in den Kram passen – was je nach Thema immer sehr verschiedene Gruppen sind.

Natürlich wäre es naiv zu denken, dass ein größeres Faktenwissen den interessengeleiteten Charakter der Diskussion gänzlich beenden würde. Aber zumindest können die Fakten doch eine scharfe Munition für jene Seite bieten, die in der jeweiligen Fragestellung ihnen gemäß Recht hat – und sie können der interessierten Öffentlichkeit helfen, bei den verschiedenen Diskussionsbeiträgen zwischen Tatsachen und Wunschvorstellungen zu unterscheiden. Und wenn Erkenntnis auch noch nicht gleich Umsetzung ist, so ist sie doch eine entscheidende Voraussetzung.

Bei meinen Kindern dauert es noch ein paar Jahre, bis sie in die Schule kommen. Mit diesem Buch möchte ich dazu beitragen, dass wir ideologiefrei darangehen, unser Schulsystem wirklich zu verbessern – damit Schule bis dahin ein Ort ist, an dem alle aus eigenem Antrieb dazu beitragen, dass die Kinder und Jugendlichen lernen können. Es ist höchste Zeit für gute Schulen für alle in Deutschland!

München, im August 2007

Bei der Darstellung aller Graphiken und wissenschaftlichen Methoden in diesem Buch habe ich mich bemüht, sie so einfach zu halten, dass sie allgemein verständlich sind. Im Einzelfall geht das nicht ohne einen gewissen Verlust an wissenschaftlicher Präzision.
Leser mit wissenschaftlichem Interesse finden ab S. 183 gezielte Hinweise zur weiterführenden Fachliteratur.

Der kleine »PISA«-Test zu unserem Schulsystem

1. **Wir müssen endlich mehr Geld in unsere Schulen investieren.**

   wahr ☐ falsch ☐

2. **In unserem Schulsystem hat jedes Kind die gleichen Chancen.**

   wahr ☐ falsch ☐

3. **Zentrale Abschluss- und Zwischenprüfungen führen zu besseren Ergebnissen.**

   wahr ☐ falsch ☐

4. **Schüler in größeren Klassen schneiden bei Schülervergleichstests deutlich schlechter ab als Schüler, die in kleineren Gruppen lernen.**

   wahr ☐ falsch ☐

5. **Wir sollten schon im Kindergarten mit frühkindlicher Bildung beginnen.**

   wahr ☐ falsch ☐

6. **Wettbewerb hat im Schulsystem nichts zu suchen.**

   wahr ☐ falsch ☐

7. **Die Aufteilung der Kinder auf verschiedene Schulformen sollte nicht schon nach der vierten Klasse erfolgen.**

   wahr ☐ falsch ☐

Auflösung auf S. 182

1. Warum der Turm von PISA schief steht

»In einer Generation ist
Deutschland von der Spitze
ins untere Mittelfeld zurückgefallen.«
ANDREAS SCHLEICHER
(PISA-Koordinator der OECD, 2004)

»Die Bundesrepublik steht
in der vergleichenden Schulstatistik
am untersten Ende der europäischen Länder.«
GEORG PICHT
(Bildungsforscher, 1964)

Die meisten fundamentalen Fragen der Menschheitsgeschichte sind Glaubensfragen. Ob es einen Gott gibt, was der Sinn des Lebens ist, was nach dem Tod kommt.

Die Fragen, wie sich die Bildungsleistungen unserer Kinder verbessern lassen, oder ob die in PISA gemessenen Leistungen überhaupt wichtig sind, gehören jedoch nicht zu diesen Glaubensfragen. Dies sind vielmehr Fragen, die sich auf die real existierende Welt mit ihren real existierenden Menschen beziehen und die sich anhand von Fakten beantworten lassen. Wer solche Fragen wie Glaubensfragen behandelt, betreibt Ideologie – und schadet den Menschen, die sie betreffen.

Dieses Buch weist die ideologisch geführten Diskussionen, die die deutsche Schuldebatte bestimmen, in die Schranken. Anhand von harten Fakten möchte ich zeigen, was wir aus PISA und aus anderen, weniger bekannten internationalen Vergleichsstudien lernen können – und dringend lernen müssen, damit unsere Kinder eine gute Schule erhalten, die ihnen noch Zukunftschancen eröffnet. Der Wunsch nach einer Verbesserung der Schulen ist (fast) überall vorhanden. Aber solange wir die Tatsachen ignorieren und so tun, als ob guter Wille und Ratschläge aus ideologischen Wunschwelten verschiedenster politischer Färbung schon die Lösung wären, so lange vertun wir die Chance auf bessere Schulen für unsere Kinder.

Entgegen den lange gehegten Vorstellungen vom »Land der Dichter und Denker« schnitten deutsche Schüler im internationalen PISA-Vergleich nur im unteren Mittelfeld ab

Welchen besseren Beleg könnte es für das riesige allgemeine Interesse an internationalen Schülerleistungsvergleichen geben als folgenden: Gibt man bei Google als Suchwort »Pisa« ein, so verweisen die ersten Einträge nicht etwa auf die italienische Stadt mit ihrem weltbekannten schiefen Turm, sondern auf das »Programme for International Student Assessment« (PISA). PISA, der internationale Vergleichstest von Schülerleistungen, testet seit 2000 alle drei Jahre eine repräsentative Stichprobe (von zumeist rund 5.000 Schülern pro Land) der 15-jährigen Schüler in allen Industrie- und einigen weiteren Ländern in Mathematik, Naturwissenschaften und Lesefähigkeiten. Solche internationalen Schülertests gibt es seit Mitte der 1960er Jahre, und außer an PISA hat Deutschland zuletzt 1995 an der TIMSS-Studie in Mathematik und Naturwissenschaften in der Mittel- und Oberstufe sowie 2001 an der IGLU-Studie in Lesen in der Grundschule teilgenommen.

Deutschland dichtet und denkt nur mittelmäßig bis schlecht

Wie keine andere Bestandsaufnahme der kognitiven Fähigkeiten hat PISA die öffentliche Diskussion um den Zustand der Schulen in Deutschland angefacht. Das deutsche Abschneiden bei PISA ist hinlänglich bekannt: Entgegen den

1.1: Leistungen deutscher Schüler im unteren Mittelfeld

Testergebnis im PISA-Mathematiktest in ausgewählten Ländern, 2003.

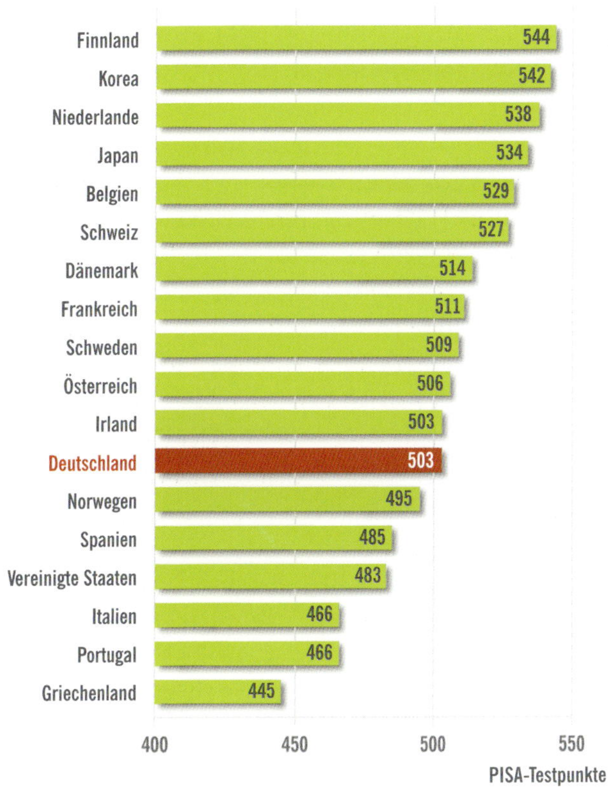

Als grobe Faustregel »lernt« ein Schüler im Durchschnitt etwa 40 Punkte im Schuljahr: Ein fünfzehnjähriger Finne ist einem deutschen Schüler gleichen Alters also um gut ein Schuljahr voraus

lange gehegten Vorstellungen vom »Land der Dichter und Denker«, das 1763 mit Preußen als erstem Land der Welt offiziell die allgemeine Schulpflicht eingeführt hat, schnitten deutsche Schüler im internationalen PISA-Vergleich nur im unteren Mittelfeld ab (Abbildung 1.1). Dies gilt in Naturwissenschaften und Lesen genauso wie im PISA-2003-Schwerpunktfach Mathematik. Nicht nur in asiatischen Ländern wie Korea und Japan, sondern auch im europäischen Ausland wie bei Spitzenreiter Finnland oder unseren holländischen Nachbarn sind die Schüler wesentlich versierter in Mathematik, Naturwissenschaften und Lesen.

In kaum einem Land ist der Leistungsunterschied zwischen den besten und den schlechtesten Schülern so groß wie in Deutschland, und meist sind es die sozial Benachteiligten, die auch in Sachen Bildung verlieren

Ganz groß sind wir nur, wenn es um die Ungleichheit der erzielten Schülerleistungen geht (Abbildung 1.2). In kaum einem Land ist der Leistungsunterschied zwischen den besten und den schlechtesten Schülern so groß wie in Deutschland. Und meist sind es die sozial Benachteiligten, die auch in Sachen Bildung verlieren. Dass es auch anders geht, zeigt wiederum Finnland, wo die Unterschiede nur relativ gering sind. Das finnische Beispiel beweist also, dass hohe Leistung und Ausgeglichenheit keine Gegensätze sind – das finnische Schulsystem erreicht beides in hervorragendem Maße.

Über die Gründe für das wenig beeindruckende Abschneiden der deutschen Schülerschaft ist allerdings trotz der durch PISA entfachten schulpolitischen Debatten wenig bekannt. Die Spekulationen wucherten natürlich rege in die eine oder andere politische Richtung, doch belegt werden konnte davon kaum etwas – und wenn doch, war es selten wissenschaftlich haltbar. Eine ernstzunehmende Ursachenforschung in Bezug auf die PISA-Ergebnisse fand kaum statt. Dies ist umso bedauerlicher, als doch gerade PISA und die anderen internationalen Vergleichsstudien wie IGLU und TIMSS eine Datenbasis geschaffen haben, die eine echte auf Fakten basierende Ursachenforschung ermöglicht.

1.2: Deutschland nur bei der Größe der Unterschiede in den Schülerleistungen ganz vorne dabei

Punktdifferenz zwischen den besten und den schlechtesten Schülern[1] im PISA-Mathematiktest in ausgewählten Ländern, 2003.

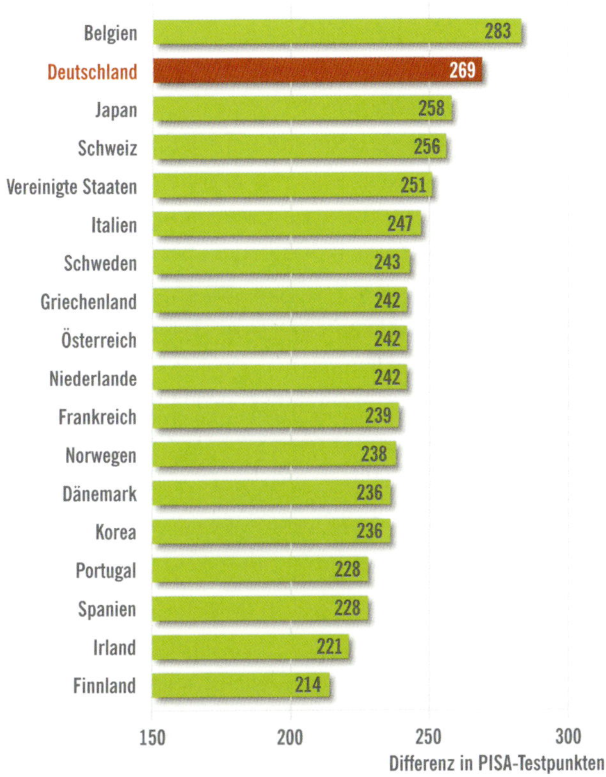

In Deutschland liegen die obersten zehn Prozent und die untersten zehn Prozent der Fünfzehnjährigen wissensmäßig mehr als sechs Schuljahre auseinander

Die zwölf Irrtümer der guten Schule in Deutschland

Stattdessen laufen schulpolitische Debatten in Deutschland zumeist so, dass ein jeder seine lang gehegten Meinungen und (Vor-)Urteile wiederholt, die jeglicher Faktenbasis entbehren. Etliche dieser Meinungen stehen sich diametral entgegen. Und selbst einige der wohl von einem Großteil der Bevölkerung geteilten Ansichten widersprechen – wie wir im Verlaufe dieses Buches noch feststellen werden – eindeutig den durch die internationalen Schülerleistungsvergleiche belegten Fakten. Dennoch treffen die Parteien und Meinungsmacher jeglicher Couleur kaum auf Gegenwehr bei der Weiterführung ihres rein ideologischen Diskussionsstils – und der Fortsetzung ihrer oftmals auch rein ideologisch basierten Politik. Auch andere Beteiligte und Betroffene wie Lehrer oder Eltern können sich aus diesen verengten Denkschemata in Sachen Schule kaum mehr befreien.

Die Parteien und Meinungsmacher jeglicher Couleur treffen kaum auf Gegenwehr bei der Weiterführung ihres rein ideologischen Diskussionsstils- und der Fortsetzung ihrer oftmals rein ideologisch basierten Politik

Bei fast allen dieser lang gehegten Meinungen handelt es sich um Mythen – Geschichten und Vorstellungen, deren Wahrheitsgehalt unbelegt ist, die aber eine Wirkkraft auf Denken, Fühlen und Handeln der Menschen haben, als wären sie wahr. Einige dieser Mythen werden eher vom konservativen Spektrum gepflegt, andere eher vom linken. Die Anzahl der Mythen, auf die sich eine Mehrheit der Bevölkerung einigen könnte, geht vermutlich in die Dutzende. Nur: Viele dieser Mythen, auf denen leider auch unser Schulsystem fußt, haben sich in der jüngeren Forschung anhand der internationalen Schülerleistungstests als Irrtümer erwiesen – nützlich für die jeweilige eher linke oder eher konservative Klientel zur Verdrängung der Wirklichkeit. Heute gilt also: Wer wissen will, der kann es auch! Von hier aus müssen wir anfangen umzudenken. Hier sind meine ...

»Zwölf beliebtesten Irrtümer der guten Schule in Deutschland«

1. **Früher hatten wir die besten Schulen der Welt.**
2. **Auf das, was PISA testet, kommt es doch gar nicht an.**
3. **Mehr Geld = bessere Schüler.**
4. **Kleinere Klassen = bessere Schüler.**

5. Tafel und Kreide sind von gestern, heute wird per Computer gelehrt und gelernt.
6. Durch Appelle an Moral und Ideale von Schulleitern, Lehrern und Eltern lässt sich die Schule verbessern.
7. National standardisierte Prüfungen sind schlecht für die Lehre.
8. Die Schulbehörden wissen am besten, welche Lehrer zu welchen Schulen passen.
9. Die öffentliche Hand zahlt für die Schulen, darum sollte sie sie auch leiten.
10. In unseren Schulen stehen allen die gleichen Chancen offen.
11. Der Kindergarten ist zum Spielen da, nicht zum Lernen.
12. Je eher man die Kinder nach ihrer Begabung trennt, desto besser fürs Lernen.

Schöne Mythen – wohlig vertraut geben sie uns ein warmes Gefühl der Sicherheit. Und viele von ihnen machen das (schulpolitische) Leben leichter. Aber egal, ob sie eher aus dem konservativen oder eher aus dem sozialdemokratischen Spektrum kommen – für jede einzelne dieser Thesen lässt sich belegen, dass sie schlicht falsch ist. Genau das will dieses Buch leisten. Um endlich den Weg für bessere Lösungen, für bessere Schulen freizumachen.

Viele weit verbreitete Meinungen erweisen sich als Mythen, die mit der Realität nichts zu tun haben

Die Fakten und was sich ändern muss

Die Frage, wie sich unsere Schulen verbessern lassen, darf auf keinen Fall noch länger in der Schein- oder Wunschwelt linker oder konservativer Ideologien verhandelt werden. Schließlich geht es um ganz real existierende Schulen in Kiel und in Köln, in Schwabing und auf der Schwäbischen Alb, in Berlin und im Breisgau, in Castrop-Rauxel und im Chiemgau, in Rostock und im Ruhrgebiet, in Dresden und in Duderstadt, in Hamburg und im Harz, in Mannheim und im Münsterland: Siebzigerjahrebauten, die mit den Erzeugnissen aus dem Kunstunterricht verschönert wurden. Altehrwürdige Gänge, in denen schon seit Generationen die Schüler toben oder flanieren. Graue oder bunt gestrichene Klassenzimmer, in denen real existierende Lehrer stehen, Frau Dr. Hege und Herr Bolz, die real existierende Schüler mit ihren Hoffnungen, Plänen und Ängsten unterrichten. Wenn wir wissen wollen, was Schule wirklich besser machen kann, dann dürfen wir nicht weiter hoffen, dass unsere Ideologien irgendwann Wahrheit werden. Maßnahmen, die die Schule wirklich verbessern, müssen gegen reale Fakten Bestand haben. Um diese Fakten, die ich zusammen mit Kolleginnen und Kollegen in Jahren umfassender Forschungsarbeit zusammengetragen habe, soll es in diesem Buch gehen.

Der »Turm von PISA« steht schief, weil die deutsche Schulpolitik nur auf Inputs, aber nicht auf Anreize und Outputs schaut

Etwas allgemein, aber zugespitzt zusammengefasst lassen sich die Ursachen der deutschen PISA-Ergebnisse in einem Satz formulieren: Der »Turm von PISA« steht schief, weil die deutsche Schulpolitik nur auf Inputs, aber nicht auf Anreize und Outputs schaut. Das ist es, was wir aus PISA lernen können und müssen. Was das im Einzelnen bedeutet, werden wir später genauer untersuchen.

Meine Herangehensweise in diesem Buch ist dabei von zwei Merkmalen bestimmt. Zum Ersten setze ich voll und ganz auf empirisch belegte Fakten, und zwar solche, die mithilfe der in den nationalen und internationalen Leistungsvergleichstests erhobenen Daten auf der Ebene der einzelnen Schüler ermittelt wurden. Damit sollen die Untersuchungen die Neuausrichtung der schulpolitischen Debatte weg von einer ideologie- und hin zu einer faktenbasierten Politik vorantreiben.

Zum Zweiten geht es mir darum, entlang dieser Fakten zu zeigen, welche Reformen des Schulsystems die Beteiligten – Schüler, Lehrer, Schulleitung und Eltern – ganz konkret durch gezielt gesetzte Anreize dazu bringen könnten, an einem Strang zu ziehen: an jenem Strang, an dem die Leistungen unserer Kinder in Mathematik, Deutsch und Naturwissenschaften hängen.

Im Gegensatz dazu sehen schulpolitische Initiativen heute vielfach so aus, dass ein besseres Schulklima gefordert wird, mehr Motivation und Engagement der Lehrer. Solche Forderungen sind gut gemeint – aber die Welt und das Verhalten der Menschen sind nicht so, dass man Klima und Motivation einfach mit Worten einfordern kann. Man muss stattdessen nach den Ursachen fragen, die einem leistungsfördernden Klima, Motivation und Verhalten zugrunde liegen: Wir Menschen sind nur motiviert, wenn wir dazu – wie auch immer geartete – Anreize haben. Davon bin ich überzeugt. Zu Potenzial und Grenzen einer solchen Perspektive möchte ich die Ergebnisse zunächst für sich sprechen lassen. Anstelle der zwölf Schulirrtümer also nun ...

Wir Menschen sind vor allem dann motiviert, wenn wir dazu – wie auch immer geartete – Anreize haben

»Zwölf zentrale Fakten der guten Schule in Deutschland«

1. **Das Problem der schwachen schulischen Leistungen in Deutschland ist nicht erst ein Problem der letzten paar Jahre. Unsere Schulen sind schon lange nur unteres Mittelmaß.**
2. **Die in den internationalen Tests gemessenen Bildungsleistungen sind von entscheidender Bedeutung für Einkommen, Beschäftigung, gesellschaftliche Verteilung und volkswirtschaftliches Wachstum. PISA ist also von enormer Wichtigkeit – nicht nur, aber sicherlich auch aus wirtschaftlicher Sicht.**
3. **Es fehlt nicht am Geld – wir müssen es anders einsetzen.**
4. **Kleinere Schulklassen führen kaum dazu, dass die Schüler mehr lernen.**

5. Computereinsatz beim Lernen hilft kaum dabei, dass die Schüler ihre erlernten Fähigkeiten verbessern.
6. Moralische Appelle allein helfen nicht. Wir müssen das Schulsystem so reformieren, dass sich besseres Lernen für alle lohnt.
7. Externe Leistungsüberprüfung von vorgegebenen Lehrstandards steigert die Schülerleistungen massiv.
8. Solange externe Leistungsüberprüfung Rechenschaft sicherstellt, lernen die Schüler am meisten, wenn Personalentscheidungen und Fragen des Tagesgeschäfts in die Verantwortung der Schulen übergeben werden.
9. Bei allgemeiner staatlicher Finanzierung der Schulen führt Wettbewerb durch nicht öffentlich geleitete Schulen zu einem höheren Leistungsniveau für alle Schüler.
10. In Deutschland hängen Schülerleistungen wie kaum irgendwo sonst vom familiären Hintergrund ab. Die Chancenungleichheit ist skandalös.
11. Wir verbauen unserem Nachwuchs die Zukunft schon im Kindergarten, wenn wir die Chance zur frühkindlichen Bildung nicht nutzen.
12. Durch eine spätere Aufteilung der Schüler auf verschiedene Schulformen lassen sich die Chancen von Kindern aus bildungsfernen Schichten deutlich verbessern, ohne dass das allgemeine Leistungsniveau darunter leidet.

Unumgänglich für eine erfolgreiche Schulpolitik sind in jedem Fall auch mehr Experimentierfreudigkeit und gleichzeitig eine ständige wissenschaftliche Überprüfung der Ergebnisse. Nur dann werden wir unsere Schulen nicht nur einmal, sondern basierend auf dem jeweils besten wissenschaftlichen Wissensstand laufend weiter verbessern können – die Schule muss zu einer lernenden Schule werden. Die folgenden Kapitel werden die hier zusammengefassten Fakten genauer vorstellen, von allen Seiten beleuchten und diskutieren, um ein für alle Mal mit den Schulirrtümern aufzuräumen, die seit Jahrzehnten den Reformprozess blockieren.

Früher war alles besser?

So vielfältig die Ansichten darüber sind, wie unsere Schulen zu verbessern wären – zumindest in einem sind wir uns doch alle einig: Früher war alles besser.

Wirklich? Schon im Jahre 1964 rief der Bildungsforscher Georg Picht unter lautem Geheule und großem Aktionismus des gesamten schulpolitischen Establishments »Die deutsche Bildungskatastrophe« aus. Picht wies damals darauf hin, dass der quantitative Umfang der durchschnittlichen Bildung deutscher Jugendlicher weit hinter dem in anderen europäischen Ländern herhinkte.

Schon 1964 rief der Bildungsforscher Georg Picht die deutsche Bildungskatastrophe aus

» IRRTUM NR. 1:

Früher war alles besser.

Bald danach wurden auch die ersten internationalen Vergleichstests durchgeführt, die offenlegten, was die Kinder und Jugendlichen in den Schulen wirklich lernten. Wie das Ergebnis der ersten Tests für Deutschland aussah, wird aus einem Artikel ersichtlich, der in der *Zeit* vom 20. September 1974 erschien (Abbildung 1.3). Ist es nun zum Heulen oder zum Lachen, dass man sich, wie es heißt, schon 1974 darüber wunderte, dass in mehr als zehn Jahren schulpolitischem Aktionismus nichts verbessert wurde?

Das deutsche Ergebnis der 1964 durchgeführten und einige Jahre später veröffentlichten ersten internationalen Vergleichsstudie von Schülerleistungen, die Fähigkeiten in

1.3: *Die Zeit* vom 20. September 1974

Im internationalen Vergleich schneidet das Bildungswesen der Bundesrepublik miserabel ab.

Die deutschen Schüler auf dem letzten Platz

Preisfrage: Von wem und von wo stammt der Satz: „Die Bundesrepublik steht in der vergleichenden Schulstatistik am untersten Ende der europäischen Länder"?

Georg Picht schrieb diese Worte vor über zehn Jahren, im Februar 1964. Seitdem wurden Milliarden ausgegeben für schönere Schulen, mehr Lehrer und bessere Bücher; seitdem wurden zentnerweise Pläne und Papiere gegen die vorausgesagte Bildungskatastrophe produziert. Es ist unbestreitbar vieles geschehen; aber es wurde längst nicht genug getán, um die bundesrepublikanischen Schulen vom letzten Rang auf der Bildungsstatistik wegzubringen.

Wie schlecht das Bildungswesen der Bundesrepublik im internationalen Vergleich auch heute abschneidet, beweist eine weltweit durchgeführte Studie über Schulleistungen im naturwissenschaftlichen Unterricht. Betreut wurden die Tests von der International Association for the Evaluation of Educational Achievement in Belgien und von nationalen Organisationen (in der Bundesrepublik vom Deutschen Institut für Internationale Pädagogische Forschung in Frankfurt unter Leitung von Professor Walter Schultze), befragt wurden 258 000 Schüler in 9700 Schulen in 20 Ländern nach Kenntnissen und praktischen Fähigkeiten in Erdkunde, Biologie, Chemie, Physik.

Die Ergebnisse sind niederschmetternd.

Bei den Zehnjährigen in den vierten Grundschulklassen „liegen sämtliche Leistungen in der Bundesrepublik sehr wesentlich unter dem internationalen Durchschnitt".

Bei den Achtzehnjährigen im letzten Jahrgang der Sekundarstufe II „steht die BRD am unteren Ende der Rangskala auf dem vorletzten Platz".

Nur bei den Vierzehnjährigen im achten Schuljahr liegt die Bundesrepublik bis auf Chemie über den internationalen Mittelwerten".

Nicht nur die „klassischen" Bildungsstaaten Frankreich, England oder Schweden liegen weit vor der Bundesrepublik; auch Länder wie Ungarn, Finnland, Schottland, Australien oder Neuseeland übertreffen den Unterrichtserfolg hierzulande.

Vor allem gegen die Effektivität des von vielen so gelobten traditionellen dreigliedrigen Schulwesens liefert die Studie Belege. Rigoros wie sonst kaum irgendwo in der Welt liest dieses System die Schüler aus, so daß sich bei uns in den Abschlußklassen der Sekundarstufe II nur neun Prozent eines Jahrgangs befinden: in den USA sind es 75 Prozent, 70 in Japan, 47 in Belgien oder 29 in Australien; aber auch diese „hochausgelesene kleine Elite" (Studie) ist nicht leistungsfähiger als die Spitze in andern Ländern. Das bedeutet: „In gesamtschulartigen Systemen können Spitzenbegabungen zum mindesten in gleichem Maße gefördert werden wie in selektiven Systemen."

Wer Statistik im allgemeinen und Bildungsstatistiken im besonderen für dummes Zeug hält, mag auch diese Vergleichsstudie ignorieren. Für alle anderen ist sie eine ernsthafte Lektüre, die genau zur richtigen Zeit kommt, da sich Selbstgefälligkeit über scheinbar so großartige Erfolge der Bildungsexpansion immer weiter ausbreitet und falsche Propheten immer dreister vor angeblich viel zuviel Bildung warnen.

Hayo Matthiesen

Mathematik getestet hatte: Unter den elf Teilnehmerländern belegten die deutschen 13-jährigen Schüler den fünften, die Schüler am Ende der Sekundarstufe II den siebten Platz. Platz 7 ist unteres Mittelfeld – das erinnert irgendwie verdächtig an die PISA-Ergebnisse …

Wichtigste Konsequenz aus dem dürftigen Abschneiden 1964 und 1971 war: Deutschland nahm für die nächsten 25 Jahre an keiner der zahlreichen weiteren internationalen Vergleichsstudien mehr teil! Wollten wir es nicht wissen? Aus heutiger Sicht kann man eigentlich nur fassungslos konstatieren, dass es doch wohl nicht wahr sein kann, dass unsere Politiker und Meinungsmacher so lange den Kopf in den Sand steckten.

Nach dem dürftigen Abschneiden in den ersten internationalen Tests nahm Deutschland 25 Jahre nicht mehr teil

1995 hat Deutschland dann doch mal wieder teilgenommen: an TIMSS, der »Third International Mathematics and Science Study«. Unter den 39 teilnehmenden Ländern der TIMS-Mittelstufenstudie lag Deutschland zum Beispiel auf Platz 22, wobei sich unter den schlechter abschneidenden Ländern vor allem zahlreiche Entwicklungsländer befanden. Bei genauerer Betrachtung war das deutsche Abschneiden in TIMSS ganz ähnlich wie fünf Jahre später bei PISA.[2] Aber auch dieser Befund wurde nicht ernst genommen, zumeist mit dem vorgeschobenen Argument, TIMSS würde ja nur auswendig gelerntes Wissen abfragen.

Dann kam 2000 die erste PISA-Studie, die diesen Bedenken durch eine Fokussierung auf im gesellschaftlichen Leben benötigte wichtige Kenntnisse und Fähigkeiten Rechnung trug und an der zunächst nur die führenden Industrienationen teilnahmen. Unter den 31 Teilnehmerstaaten belegte Deutschland in Mathematik und Naturwissenschaften jeweils den 20. Platz, in Lesen den 21. Platz. Und so langsam ging uns auf, dass wir mit unseren schulischen Leistungen vielleicht doch ein Problem haben.

Die durchschnittlichen Leistungen deutscher Schüler in den 1960er und 1970er Jahren waren nicht wesentlich besser oder schlechter, als sie es heute sind

Was bedeutet all dies nun für den Verlauf der deutschen Schülerleistungen über die Zeit? In einer zusammen mit Eric Hanushek von der Stanford Universität durchgeführten Analyse[3], die die internationalen Testleistungen von 1964 bis 2003 für viele Länder über die Zeit vergleichbar macht, ist Deutschland dasjenige Land, für das die Veränderung ganz genau null beträgt. Auch wenn ein solcher Vergleich mit vielen Unwägbarkeiten belegt ist, so zeigen die vorliegenden Ergebnisse doch ganz eindeutig, dass die durchschnittlichen Leistungen deutscher Schüler in den 1960er und 1970er Jahren nicht wesentlich besser oder schlechter waren, als sie es heute sind.

Für die deutsche Schule bedeutet das konkret, dass sich in den letzten 40 Jahren an der Qualität der vermittelten Kenntnisse und Fertigkeiten nichts Wesentliches geändert hat. Natürlich hat sich insgesamt im Schulsystem vieles verändert. Zum Beispiel haben wir – Näheres dazu im dritten Kapitel – immer mehr Geld hineingesteckt. Aber für das, worauf es wirklich ankommt, für den Lernerfolg im internationalen Vergleich, hat das nichts gebracht.

Die Vergangenheit ist halt auch nicht mehr das, was sie mal war.

Das PISA von heute ist der (fehlende) Wohlstand von morgen

Man tröstet sich hierzulande gern damit, dass es auf das, was die internationalen Vergleichsstudien testen, gar nicht ankomme. Trotz des mittlerweile wohlbekannten schwachen Abschneidens in PISA gaben 60 Prozent der Eltern schulpflichtiger Kinder in Deutschland in einer Umfrage an, dass sie mit der Ausbildung ihrer Kinder zufrieden oder sehr zufrieden seien. Also alles gar nicht so schlimm? Bei näherer Betrachtung überraschen die Umfrageergebnisse nicht, denn auch Eltern sind ja nolens volens und meist unbewusst selbst Teil vorrangig ideologisch gefärbter Schuldiskussionen, in denen echte Fakten nicht zur Kenntnis genommen werden können oder sollen.

Das zweite Kapitel wird es zeigen: Die Fakten bezeugen deutlich, dass es auf die internationalen Vergleichsstudien sehr wohl ankommt. Sie belegen zum Beispiel, dass Länder, die in den internationalen Schülerleistungstests besser abgeschnitten haben, langfristig ein deutlich höheres Wirtschaftswachstum aufweisen. Würde Deutschland durch eine moderat starke Verbesserung der gesamten Schülerleistungen im PISA-Mathematiktest vom derzeitigen Platz nahe dem Mittelwert der OECD-Länder zu Ländern wie Belgien oder der Schweiz (noch nicht einmal zu den PISA-Spitzenreitern) aufschließen, so ginge das langfristig mit einem jährlich um 0,3 bis 0,5 Prozentpunkte höheren Pro-Kopf-Wachstum einher. Zum Vergleich: Im Durchschnitt der letzten zehn Jahre ist Deutschland jährlich nicht mal um 1,3 Prozentpunkte gewachsen. Das volkswirtschaftliche Wachstum ließe sich in Deutschland durch eine solche Verbesserung der schulischen Leistungen also um bis zu 40 Prozent erhöhen. Gleichzeitig legen diese Befunde nahe, dass unser geringes Wachstum in der jüngsten Vergangenheit durchaus auch mit darauf zurückzuführen ist, dass die schulischen Leistungen schon vor 30 bis 40 Jahren weit hinter denen anderer Länder herhinkten.

Das volkswirtschaftliche Wachstum ließe sich in Deutschland durch eine Verbesserung der schulischen Leistungen um bis zu 40 Prozent erhöhen

Genauso wichtig sind die Bildungsleistungen für die Wahrscheinlichkeit, einen Arbeitsplatz zu finden, und – im zweiten Schritt – ein hohes Einkommen zu erzielen. Damit ist die Bildungsschwäche ein zentraler Grund für die hohe deutsche Arbeitslosigkeit – denn Arbeitsplätze für Geringqualifizierte sind in Deutschland jetzt schon rar, und in Zukunft wird es immer weniger davon geben. Die große Ungleichheit der PISA-Leistungen in Deutschland ist darüber

Arbeitsplätze für Geringqualifizierte sind in Deutschland rar

hinaus also die sozioökonomische Ungleichheit von morgen. Schwache PISA-Leistungen heißen ganz konkret, dass in Zukunft in Deutschland noch mehr Menschen keine Arbeit finden werden, dass die Ungleichheit weiter zunehmen wird und dass das langfristige deutsche Wirtschaftswachstum, wenn der derzeitige konjunkturelle Aufschwung sich wieder abschwächt, auch weiterhin hinter dem anderer Länder herhinken wird – mit allen dazugehörigen Konsequenzen wie möglicherweise wieder wachsender öffentlicher Verschuldung, Verstärkung der Schieflagen unserer Sozialversicherungssysteme und wachsendem Vertrauensverlust in die demokratischen Institutionen.

So wichtig die in den internationalen Tests gemessenen Basiskompetenzen also sind, so sind sie natürlich noch lange nicht alles, was Schulen vermitteln sollen. Dies betonte schon Wilhelm Busch in Max' und Moritz' viertem Streich:

Also lautet ein Beschluß:
Daß der Mensch was lernen muß.
Nicht allein das Abc
Bringt den Menschen in die Höh';
Nicht allein in Schreiben, Lesen
Übt sich ein vernünftig Wesen;
Nicht allein in Rechnungssachen
Soll der Mensch sich Mühe machen;
Sondern auch der Weisheit Lehren
Muß man mit Vergnügen hören.
Daß dies mit Verstand geschah,
War Herr Lehrer Lämpel da.

Lob und Preis also dem Herrn Lämpel seinerzeit – und allen weiblichen und männlichen Lämpels heute. Was wären wir ohne sie? Mir geht es hier aber weniger um die Lehrer im Allgemeinen, ihre Ausbildung und Aufgabe. Vielmehr konzentriere ich mich explizit auf die Förderung der Basiskompetenzen in Mathematik, Naturwissenschaften und Lesen. Über die Bedeutung und Förderung höherer »Weisheiten« – und, so möchte man heute hinzufügen, wichtiger sozialer und persönlichkeitsbildender Kompetenzen – kann hier aufgrund des Fehlens einer Datenbasis für empirische Untersuchungen nichts ausgesagt werden. Aber die vorliegenden Fakten zeigen immerhin deutlich, dass die Grundfertigkeiten in Mathematik, Naturwissenschaften und Lesen von größter gesellschaftlicher Relevanz sind und dass sie in Deutschland seit Jahrzehnten sträflich vernachlässigt werden.

Brauchen wir einfach nur mehr Geld?

Bei den nächsten verhängnisvollen schulpolitischen Irrtümern geht es, wie so oft, ums Geld. Wie selbstverständlich scheinen viele Beteiligte – Politiker, Eltern, Lehrer, Medien – vorauszusetzen, dass es einen quasi automatischen Zusammenhang zwischen Inputs und Outputs, zwischen Ressourceneinsatz und Bildungsergebnissen gibt. Man denkt, dass man nur mehr ausgeben müsse, die Klassen verkleinern oder mehr Computer anschaffen – und die Leistungen der Schüler würden sich zwangsläufig verbessern. Was ist dran an dieser weit verbreiteten These?

Unsere Kinder werden nicht mehr lernen, wenn wir einfach nur mehr Geld ins System stecken

Machen wir es kurz: nichts. Nichts in dem umfangreichen vorliegenden Datenmaterial, das im dritten Kapitel ausführlich besprochen werden wird, deutet darauf hin, dass höhere Ausgaben, etwa für kleinere Klassen oder zusätzliche Computer (sei es zu Hause oder in der Schule), für sich genommen eine Verbesserung der tatsächlichen schulischen Leistungen der Schüler bringen würden. Länder mit höheren Bildungsausgaben oder kleineren Klassen schneiden im Durchschnitt nicht systematisch besser ab. Schüler, die mit weiteren 15 Mitschülern in einer Klasse unterrichtet werden, lernen auch in Deutschland im Durchschnitt nicht systematisch mehr als Schüler in Klassen mit 30 Mitschülern. Und ein zusätzlicher Computer zu Hause oder eine allzu intensive Nutzung von Computern im Unterricht kann die erzielten Lernleistungen im Zweifelsfall sogar eher behindern als fördern.

Konkret heißt das, solange wir die bestehenden Rahmenbedingungen in unserem Schulsystem und die Anreize, die es bietet, nicht verändern, werden unsere Kinder nicht mehr lernen, wenn wir einfach nur mehr Geld ins System stecken.

Der wissenschaftliche Gehalt der hier berichteten Befunde hat sich bereits vielfach bewährt

Diese für viele überraschenden Befunde sind – wie alle in den anderen Kapiteln berichteten Fakten auch – keine Einzelmeinungen, die ich nun ohne vorhergehende wissenschaftliche Diskussion »auf die Öffentlichkeit loslasse«. Im Gegenteil: Alle zentralen hier veranschaulichten Ergebnisse wurden zunächst in selektiven Auswahlverfahren auf zahlreichen internationalen Fachkonferenzen zum Vortrag angenommen und dort in der wissenschaftlichen Gemeinschaft diskutiert. Dann wurden sie in noch strengeren Auswahlprozessen von führenden internationalen Fachzeitschriften mit anonymen Gutachterverfahren zur Veröffentlichung angenommen. Diese Gutachterprozesse in den führenden Fachzeitschriften decken grundlegende Unzulänglichkeiten auf, zwingen zu Verbesserungen der zugrunde liegenden Forschung und führen im wissenschaftlichen Wettbewerbsprozess nur dann zur Veröffentlichung, wenn mehrere anonyme Fachvertreter sich dafür ausgesprochen haben. Die Veröffentlichungen sind also klare Zeichen für den hohen wissenschaftlichen Gehalt der hier berichteten Befunde. Gerade die Fakten zu den äußerst geringen Effekten zusätzlicher Ressourcen auf die Schülerleistungen in entwickelten Ländern sind mittlerweile so überwältigend, dass das Gros der Wissenschaftler sich darin einig ist.

Reformen gegen »linke« Mythen: Richtige Anreize setzen

Was aber tun, wenn noch nicht einmal eine tüchtige Finanzspritze mehr etwas bewirken kann? Sind Deutschlands Schulen verloren? Nein! Es geht wie immer ums Prinzip: Wir müssen das System ändern. Was wir brauchen – das vierte Kapitel wird es ausführlich zeigen –, sind institutionelle Reformen, die die Anreize aller Beteiligten auf die Förderung der konkreten Schülerleistungen ausrichten, damit gute Leistungen belohnt werden und schlechte Leistungen negative Konsequenzen nach sich ziehen. Im derzeitigen Schulsystem hat es für viele Beteiligte überhaupt keine Auswirkungen, ob die Schüler viel oder kaum etwas lernen. Nun einfach nur an die Moral oder das Verantwortungsbewusstsein von Schulleitern, Lehrern, Eltern, Schülern oder sonst wem zu appellieren, wird deren Verhalten nicht grundlegend ändern. Nur wenn sie sehen, dass sich ein Einsatz für bessere Leistungen lohnt, werden sich alle wirklich anstrengen, um die Lernleistungen zu verbessern.

So zeigen die Fakten zum Beispiel deutlich, dass externe Leistungsüberprüfungen zu besseren Lernerfolgen führen, weil sie sowohl die Schulen für das Erreichte in die Verantwortung nehmen als auch den Schülern die Möglichkeit geben, ein klares und für jeden erkennbares Signal ihrer Leistungen zu setzen. Warum sollten wir in Deutschland keine nationalen externen Zwischen- und Abschlussprüfungen einführen, wenn doch alle Fakten dafür sprechen, dass sie die Leistungen unserer Schüler verbessern würden? Denn sie schaffen Verantwortlichkeit bei Schülern, Schulen und Landesregierungen und damit Anreize, sich auf den Weg zu wirklich besserer Lehre und zielgerichtetem Lernen zu machen.

Externe Überprüfungen der schulischen Leistungen führen zu markant besseren Lernerfolgen

Gleichzeitig zeigen die internationalen Fakten, dass – sobald die Verantwortlichkeit durch die externen Prüfungen besteht – Schüler mehr lernen, wenn die einzelnen Schulen mehr Freiheiten im Tagesgeschäft und in Personalfragen haben. Die planwirtschaftlich organisierte Zuweisung von Lehrern auf die öffentlichen Schulen durch Schulbehörden ist ein Anachronismus, der die Schulen in Deutschland darin behindert, das Beste aus dem Potential ihrer Schüler herauszuholen.

Die planwirtschaftlich organisierte Zuweisung von Lehrern auf die öffentlichen Schulen durch die Schulbehörden ist ein hoffnungsloser Anachronismus

Dasselbe gilt in Bezug auf eine mögliche Unabhängigkeit der Schulen bei der Setzung von erfolgsabhängigen Bestandteilen der Lehrergehälter. Provision für guten Unterricht? Einige neuere Untersuchungen etwa aus Israel und England belegen, dass Schülerleistungen wesentlich besser werden können, wenn die Vergütung der Lehrer von tatsächlich erzielten Lernsteigerungen der Schüler abhängig gemacht wird. Für solche institutionellen Reformen wäre in den meisten deutschen Bundesländern eine Abkehr von der Verbeamtung der Lehrer notwendig, zumindest aber eine grundlegende Reform des Beamtenrechts. Gut durchdacht aber könnte ein solcher Schritt die Kompetenzen der Schüler erhöhen.

Schließlich tut es den Schülerleistungen auch gut, wenn – bei einer Beibehaltung der öffentlichen Finanzierung – mehr Schulen in nichtöffentlicher Trägerschaft im Angebot sind. Wenn verschiedene Schulen um die Gunst der Eltern konkurrieren, haben diese die Möglichkeit, die aus ihrer Sicht beste Alternative für ihre Kinder zu wählen, und schlechte Schulen verlieren ihre Schüler. Das schafft Anreize, die Sache möglichst gut zu machen. Darum ist Wettbewerb auch im Schulsystem nichts Böses, wie es leider immer wieder, vor allem auf der linken Seite des politischen Spektrums, propagiert wird, sondern er kann gerade den im jetzigen System Benachteiligten helfen, wenn er denn so gestaltet ist, dass alle Schüler unabhängig von ihrem Hintergrund die gleichen Wahlmöglichkeiten haben.

Mit einem solchen Reformkatalog würde man das Schulsystem grundlegend verändern. Und genau das ist auch notwendig! Jede institutionelle Reform, die zu einer stärkeren Belohnung solchen Engagements führt, das konkret auf bessere Schülerleistungen ausgerichtet ist, wird uns ein Stück weiter aus dem PISA-Loch holen.

Wettbewerb ist auch im Schulsystem nichts Böses

Reformen gegen »konservative« Mythen: Schluss mit der Vergeudung menschlicher Talente

Kommen wir zum zweiten großen deutschen PISA-Problem neben dem schwachen Leistungsniveau, nämlich der großen Ungleichheit der Leistungen, dann wenden sich die Fakten gegen die Irrtümer, die vor allem auf der konservativen Seite des politischen Spektrums gehegt und gepflegt werden.

Wie wir im fünften Kapitel sehen werden, hängen in Deutschland die schulischen Leistungen in weit stärkerem Maße als in anderen Ländern vom familiären Hintergrund der Schüler ab. Hier wird jede Menge menschliches Vermögen vergeudet. Vom Mythos, dass unser Schulsystem allen Kindern unabhängig von ihrem Hintergrund die gleichen Chancen eröffne, müssen wir uns also gänzlich verabschieden. Das ist für ein Land, das mit seinem ausgebauten Wohlfahrtsstaat aufs Äußerste auf Ausgleich bedacht ist, ein schweres Eingeständnis (und sehr teuer). Aber nur, wenn wir uns diese Tatsache eingestehen, können wir auch adäquat an das Problem herangehen.

Und hier weisen die internationalen Daten vor allem auf zwei Wege hin, wie die Ungleichheit der Bildungschancen verringert werden kann – doch die führen beide in eine andere Richtung als der klassische deutsche Konservatismus sich das vorstellt. Zum einen finden sich ausgeglichenere Bildungschancen dort, wo ein ausgebautes System der frühkindlichen Bildung vorliegt. Es muss also darum gehen, möglichst alle Kinder – gerade auch die aus sozial schwachen Schichten – schon in der vorschulischen Phase explizit zu fördern. Überlässt man die Kinder hier ausschließlich der Verantwortung der Familie, so vergibt man bei Kindern mit benachteiligtem Hintergrund schon früh wichtige Chancen. Aber damit man im frühkindlichen Bereich zu einem wirklichen Aufbau von Chancen kommt, ist in Deutschland noch ein weiteres Umdenken notwendig: Damit man das frühkindliche Potenzial des spielenden Lernens ausschöpft, dürfen Kindergärten ihre Aufgabe nicht hauptsächlich in der Kinderbetreuung sehen, sondern sie müssen einen expliziten Bildungsauftrag erhalten. So ist es möglich, gerade solchen Kindern die Zukunftschancen offen zu halten, die eine gute Lerngrundlage nicht schon von ihrer Familie vermittelt bekommen.

Von dem Mythos, dass unser Schulsystem allen Kindern unabhängig von ihrem Hintergrund die gleichen Chancen eröffne, müssen wir uns gänzlich verabschieden

Und noch ein zweiter Befund des internationalen Vergleichs rührt an die Grundlagen traditioneller konservativer Bildungspolitik: Die große Ungleichheit der PISA-Leistungen ist zu einem erheblichen Teil darauf zurückzuführen, dass die Kinder fast überall in Deutschland schon nach der vierten Klasse in unterschiedliche Schularten aufgeteilt werden. Es ist mittlerweile eindeutig erwiesen, dass eine solch frühe Trennung in entscheidendem Maße vom sozialen Hintergrund der Schüler abhängt und dem tatsächlichen individuellen Potential nur ungenügend gerecht wird. Auch bei Förderung von späterer Durchlässigkeit und Ausbau alternativer Wege in die höhere Bildung verstärkt die frühe Selektion die Ungleichheit der PISA-Leistungen – ohne, dass sie zu einer systematischen Steigerung des Leistungsniveaus beitragen würde. Eine spätere Aufteilung auf verschiedene Schulformen schafft Chancen für benachteiligte Kinder, und auch die Besseren schneiden dabei nicht schlechter ab. Wir müssen Kinder verschiedener Schichten, Nationalitäten und Begabungen viel länger als bisher zusammen unterrichten, auch wenn diese Vorstellung vor allem dem konservativen Lager nicht behagt.

Auch wenn es darum geht, die Chancengleichheit zu verbessern, sind in Deutschland also grundlegende institutionelle Reformen notwendig. Konkret muss es eine Verbesserung der frühkindlichen Bildung gerade für sozial Schwache sowie eine spätere Aufteilung der Schüler in unterschiedliche Schulformen geben.

Bessere frühkindliche Bildung gerade für sozial Schwache und eine spätere Aufteilung der Schüler in unterschiedliche Schulformen erhöhen die Chancengleichheit

Man lernt nie aus: Die unermüdliche Suche nach der besten aller Schulen

Abschließend müssen wir zur langfristigen Verbesserungsfähigkeit der Schule in Deutschland noch eine weitere Lektion lernen, und die ist eine der Demut. Sie beginnt damit, dass wir – Wissenschaftler wie Politiker, Eltern wie Lehrer – bescheiden genug sind, uns einzugestehen, dass unser derzeitiges Wissen darüber, was die Lernleistungen der Schüler tatsächlich verbessert und was nicht, sehr begrenzt ist. Seit den 1960er Jahren hat unser Bildungssystem unzählige Bildungsreformen durchlebt, doch für das Leistungsniveau der Schüler scheint das wenig gebracht zu haben. Noch schlimmer: Wir wissen nicht einmal, welche Reformen möglicherweise positive Effekte, negative Effekte oder gar keine Effekte auf das von den Schülern Erlernte hatten – denn wir haben das ja nie überprüft!

Lediglich durch das Aufkommen der internationalen Schülertests beginnt sich in Deutschland die Faktenlage zu verbessern, und die aus ihnen gewonnenen Fakten werden in diesem Buch vorgestellt. Wie kann man also herausfinden, was bei welcher konkreten Frage und konkreten Reform denn nun richtig war? Ein paar Beispiele: Wer sagt, dass Gruppenarbeit besser ist als Frontalunterricht? Mit überzeugenden wissenschaftlichen Methoden und Daten belegte Fakten für die eine oder andere Seite sind mir bei dieser Fragestellung nicht bekannt. Welche Konsequenzen hat die derzeit in mehreren Bundesländern umgesetzte Vorverlegung des Einschulungsalters? Welche Auswirkungen bringt der Fremdsprachenunterricht in der Grundschule mit sich, sowohl auf die Sprach- als auch auf andere Kompetenzen? Wie steht es mit unserem viel gepriesenen dualen System der Ausbildung mit Berufsschule? Weitere Fragen müssen gestellt und wissenschaftlich fundiert beantwortet werden.

Die Schule selbst muss zu einem permanent lernenden System werden

Um tragfähige Antworten auf solche Fragen zu bekommen, müssen wir bereit sein, bei der Analyse und Lenkung des Schulsystems selbst immer wieder zu lernen, was denn nun funktioniert und was nicht. Und das heißt ganz konkret, dass wir jede schulpolitische Reform durch eine Überprüfung begleiten müssen, die Fakten darüber erzeugt, wie sich diese Reform tatsächlich auf das ausgewirkt hat, was sie erreichen wollte. Eine gewisse Experimentierfreudigkeit ist also durchaus zu begrüßen – nur muss sie unbedingt mit einer überzeugenden wissenschaftlichen Überprüfung der tatsächlichen Ergebnisse aller schulpolitischen Reformen verbunden sein. Diesen Schritt haben wir etwa in der Arbeitsmarktpolitik mit der eingehenden wissenschaftlichen Evaluation der Hartz-Reformen bereits gemacht. Andere Länder, wie etwa England, sind in den letzten Jahren in der Schulpolitik ähnliche Schritte gegangen und lassen die Ergebnisse schulpolitischer Innovationen wissenschaftlich überprüfen.

So können wir lernen, ob eine konkrete institutionelle Reform, bestimmte zusätzliche Mittel, eine alternative Form der Unterrichtsgestaltung oder welche Maßnahme auch immer das erhoffte Ergebnis wirklich erzielt oder nicht. Nur so wird die Schule selbst zu einem permanent lernenden System – zum Wohle unserer Kinder. Das versetzt uns in die Lage, uns in Zukunft immer mehr auf solche Maßnahmen zu konzentrieren, die wirklich etwas bringen, und keine Energie und vor allem auch kostbare Zeit auf nutzlose Reformen zu verschwenden. Je mehr wir uns auf eine solche Überprüfung schulpolitischer Maßnahmen an der Wirklichkeit einlassen, desto eher werden unsere Kinder in Schulen aufwachsen, die ihr Potential bestmöglich fördern.

2. Warum PISA wirtschaftlich wichtig ist

»Die Pisa-Erhebung …
lohnt die Aufregung nicht,
die darüber vor allem in Deutschland
immer wieder ausbricht.«
HEIKE SCHMOLL
(Frankfurter Allgemeine Zeitung)

»Es gibt nur eins,
was auf Dauer teurer ist als Bildung:
keine Bildung.«
JOHN F. KENNEDY
(US-Präsident, 1917-1963)

Nicht selten treffe ich im Zusammenhang mit den deutschen PISA-Ergebnissen auf eine Reaktion, die in etwa so klingt: »Ja und? Wen kümmert das? Was die da messen, ist doch sowieso irrelevant.« Lohnt es sich also überhaupt, wenn wir uns mit der Frage beschäftigen, wie wir die gemessenen Leistungen verbessern können?

Die Fakten geben eine eindeutige Antwort: Ja, die in PISA & Co. gemessenen Basiskompetenzen in Mathematik, Naturwissenschaften und Textverständnis sind von großer, wenn nicht existenzieller Bedeutung – für unsere Volkswirtschaft und für die einzelnen Menschen. Die Belege dafür sind überwältigend. Schauen wir sie uns also an.

» IRRTUM NR. 2:

Auf das, was PISA testet, kommt es doch gar nicht an.

Um diesen Irrtum zu entkräften, muss ich zunächst ein wenig ausholen. Wir Ökonomen betrachten Bildung als eine Investition in die Menschen. Ein großer Teil der »Investitionskosten« liegt dabei in der Zeit, die die Schüler mit der Bildung verbringen. Würden sie diese Zeit anderweitig einsetzen, entstünde in dem anderen Einsatz ein Nutzen – und dieser Nutzen des alternativen Einsatzes ist umgekehrt ein Kostenfaktor der Investition Bildung. Hinzu kommen als weiterer Kostenfaktor die direkten Bildungsausgaben für Lehrer, Lehrmittel, Schulgebäude und vieles mehr. Aus diesen Investitionen, sollen sie sinnvoll sein, erwarten wir Ökonomen nun wiederum einen Nutzen – etwa in Form höherer Einkommen und geringerer Arbeitslosigkeit, aber auch in Form technischen Fortschritts und einer gestärkten demokratischen Grundordnung. In ökonomischer Lesart verzichtet also ein Mensch, der in seine Bildung investiert (oder dessen Eltern das tun), heute auf eine anderweitige Nutzung vor allem seiner Zeit – in der Hoffnung, dass die Bildung ihn in Zukunft produktiver macht. Dadurch erhöht sich wiederum sein späteres Einkommen und verringert sich die Gefahr, dass er einmal arbeitslos wird. Damit ist Bildung eine Investitionsentscheidung, bei der es um die Abwägung heutiger Kosten gegen zukünftigen Nutzen geht.[1] Diese Bedeutung der Bildung als Investition in »Humankapital«[2] war schon Adam Smith (1776) in seiner Untersuchung der Ursachen des Wohlstands der Nationen bewusst:

Die in PISA & Co. gemessenen Basiskompetenzen in Mathematik, Naturwissenschaften und Textverständnis sind von großer, wenn nicht existenzieller Bedeutung – für unsere Volkswirtschaft und für die einzelnen Menschen

»Einen Menschen, der mit großem Aufwand an Mühe und Zeit für eine Beschäftigung ausgebildet wurde, die außergewöhnliches Geschick und Fachkenntnis erfordert, kann man mit einer aufwendigen Maschine vergleichen. Man sollte erwarten, dass er aus seinem erlernten Beruf einen Ertrag erzielen kann, der so weit über dem üblichen Lohn für einfache Arbeit liegt, dass er ihm den gesamten Ausbildungsaufwand ersetzt, mit zumindest dem normalen Gewinn für ein gleichwertiges Kapital.«

Gesamtwirtschaftlich betrachtet bedeutet dieser Einfluss der Bildung auf Produktivität und Einkommen im Verbund mit gesamtgesellschaftlichen Effekten (wie etwa einer Stärkung der Demokratie), dass ein höherer Bildungsbestand einer Volkswirtschaft zu höherem wirtschaftlichem Wachstum führt. Diesem gesellschaftlichen Nutzen entsprechend werden in modernen Gesellschaften große Teile der Bildungskosten vom Staat getragen. Bildungsausgaben machen daher einen gewichtigen Teil der öffentlichen Haushalte aus.

Bildung ist eine Investition in die Zukunft

Die wirtschaftliche Bedeutung der Bildung lässt sich also in vier Bereichen festmachen:

1. Persönliches Einkommen
2. Arbeitslosigkeit
3. Langfristiges volkswirtschaftliches Wachstum
4. Öffentliche Haushalte.

Wie konkret und wie aktuell diese Bedeutung ist, wird vermutlich vielen spontan einleuchten. Sie lässt sich aber auch belegen.[3]

Mehr Bildung bringt höheres Einkommen

Die Ergebnisse zahlreicher bildungsökonomischer Untersuchungen zeigen, dass sowohl höhere Bildungsquantität (also die in der Ausbildung verbrachte Zeit) als auch höhere Bildungsqualität (d.h. das Niveau des Gelernten) mit einem höheren Erwerbseinkommen für den Einzelnen einhergehen.

So verdient in Deutschland ein Berufstätiger mit abgeschlossenem Universitätsstudium mehr als doppelt so viel wie ein Berufstätiger, der die Schule ohne Abschluss verlassen hat (Abbildung 2.1). Auch im Vergleich zu einem Berufstätigen, der eine abgeschlossene Lehre hat, verdient der Universitätsabsolvent noch über die Hälfte mehr. Der Lohn der Beschäftigten ohne Schulabschluss liegt über ein Viertel unter dem derjenigen mit abgeschlossener Lehre. Und wie die Abbildung belegt, nimmt das erzielte Einkommen mit jedem einzelnen höheren Bildungsabschluss zu. Dieser Zusammenhang ist natürlich nichts spezifisch Deutsches: Überall in der Welt verdient durchschnittlich mehr, wer eine

2.1: Je höher der Bildungsabschluss, desto höher das Einkommen

Durchschnittlicher Brutto-Monatsverdienst in Euro nach höchstem Bildungsabschluss, Bevölkerung zwischen 25 und 64 Jahren in Vollzeitbeschäftigung, 2003.[4]

Ein Berufstätiger mit abgeschlossenem Universitätsstudium verdient mehr als doppelt so viel wie ein Berufstätiger, der die Schule ohne Abschluss verlassen hat

längere Ausbildung hinter sich hat. Die größten Unterschiede finden sich in den USA, wo das durchschnittliche Einkommen eines Berufstätigen mit abgeschlossenem Hochschulstudium 83 Prozent über dem eines Berufstätigen, dessen höchster Bildungsabschluss die so genannte höhere Sekundarbildung ist (entspricht in Deutschland dem Berufsschulabschluss oder dem Abitur, in den USA der High School), liegt. Das Einkommen eines Berufstätigen ohne abgeschlossene höhere Sekundarbildung liegt 30 Prozent unter dem durchschnittlichen Einkommen desjenigen, der sie hat. Selbst in Dänemark, dem Land mit den geringsten relativen Einkommensunterschieden unter den entwickelten Ländern, betragen diese Unterschiede noch 24 Prozent bzw. zwölf Prozent des jährlichen Einkommens.

Das höhere Einkommen eines gebildeten Menschen kann man als die Rendite einer Investition in die Bildung bezeichnen

Bildung ist also eine Investition, die sich auszahlt. Und genauso wie sich andere Investitionen an ihrer Verzinsung bemessen lassen, ist das jeweilige Einkommen die Rendite einer Investition in Bildung. Der positive Zusammenhang zwischen Bildung und individuellem Einkommen gehört wohl zu den robustesten Befunden in der gesamten datengestützten Wirtschaftsforschung. Neuere Untersuchungen belegen, dass dieser Zusammenhang zum größten Teil auf einen kausalen Effekt der Bildung auf das Einkommen zurückzuführen ist.[5]

Die Rendite der Bildung wird zumeist pro zusätzlichem Bildungsjahr gemessen. Mit der Dauer der Ausbildung (von der Grundschule bis zur Universität) der Beschäftigten in Jahren lässt sich die Bildungsquantität messen. Dabei wird für die Erlangung der Hochschulreife ebenso pauschal eine durchschnittliche Anzahl von Jahren angesetzt wie für ein abgeschlossenes Hochschulstudium. Einem Langzeitstudenten wird damit also keine höhere Bildungsquantität zugeschrieben als jemandem, der sein Studium schnell durchgezogen hat. Abbildung 2.2 illustriert die durchschnittlichen Ausbildungsjahre der Bevölkerung im beschäftigungsfähigen Alter im internationalen Vergleich. Deutschland befindet sich bei der so gemessenen Bildungsquantität mit durchschnittlich knapp zehn Ausbildungsjahren im Mittelfeld, wobei die internationalen Unterschiede groß sind: In Portugal haben die Menschen knapp

2.2: Durchschnittliche Ausbildungsjahre der arbeitenden Bevölkerung

Menschen im beschäftigungsfähigen Alter (25 Jahre und älter), 2000.
Alle Ausbildungsformen von Grundschule bis Studium.

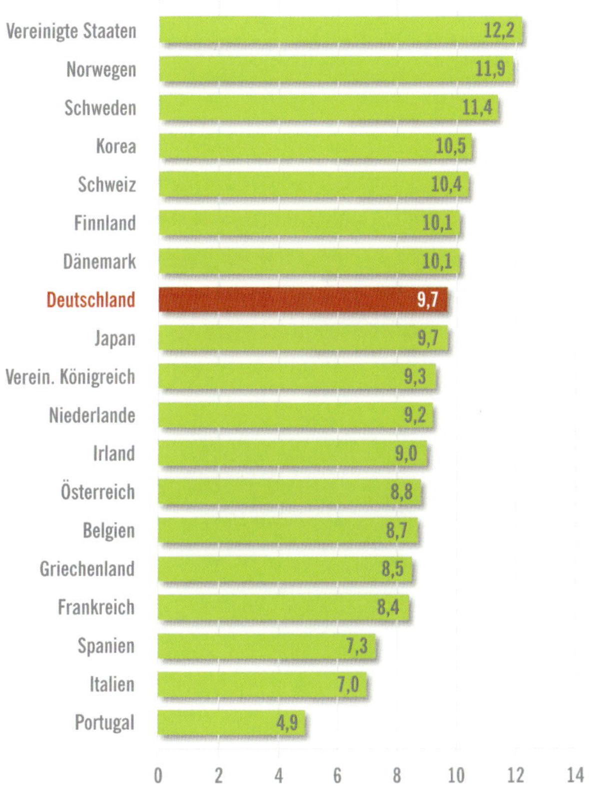

fünf Jahre Ausbildung genossen, in den Vereinigten Staaten gut zwölf.[6]

Eine umfassende EU-weite Studie hat nun berechnet, wie hoch der Einkommenszuwachs für jedes zusätzliche Bildungsjahr in verschiedenen Ländern ist.[7] Sie findet heraus, dass im europäischen Durchschnitt jedes zusätzliche Bildungsjahr mit einem mehr als acht Prozentpunkte höheren Einkommen einhergeht (vgl. Abbildung 2.3). Man könnte also sagen, dass jedes Jahr mehr an Investition in Bildung dem Investor eine lebenslange jährliche Mehr-Rendite von durchschnittlich acht Prozent einbringt – in Deutschland

In Deutschland geht jedes zusätzliche Bildungsjahr mit einem fast neun Prozentpunkte höheren Einkommen einher

2.3: Individuelle Einkommenssteigerung pro zusätzlichem Bildungsjahr in Prozent[8]

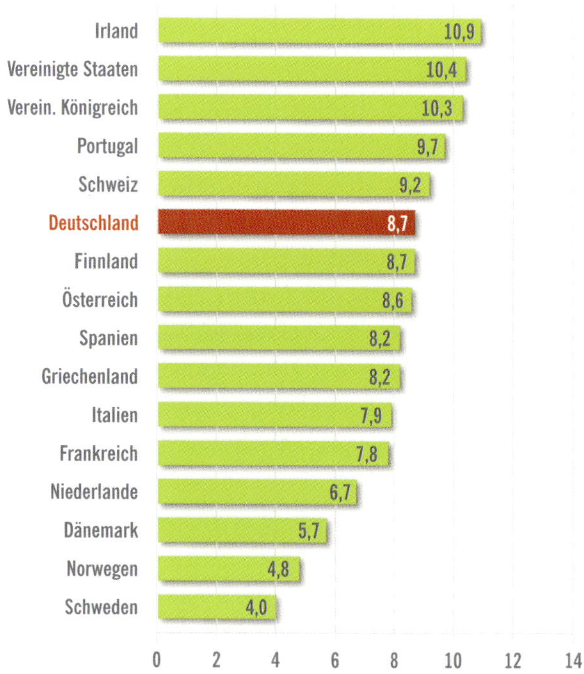

sind es sogar knapp neun Prozent. Das sind beeindruckend Ertragsraten. Die höchsten privaten Bildungsertragsraten finden sich in Europa übrigens in Irland und dem Vereinigten Königreich mit über zehn Prozent, was in etwa auch dem Wert in den Vereinigten Staaten entspricht; die niedrigsten Bildungsertragsraten im europäischen Vergleich finden sich in einigen skandinavischen Ländern.

Ein gebildeter Geist führt ebenso zu einem gesunden Körper wie zu einem gesunden Bankkonto

Neben dem finanziellen Gewinn durch eine höhere Bildung hat die Forschung aber auch zahlreiche andere positive Effekte belegt, etwa im Bereich der Gesundheit.[9] So führt eine bessere Bildung etwa zu gesünderer Ernährung, mehr sportlicher Betätigung und weniger Rauchen. Auch bedingt eine bessere Bildung der Mütter eine bessere Gesundheit ihrer Kinder, unter anderem durch eine verstärkte Nutzung von Mutterschaftsvorsorgemaßnahmen und durch weniger Rauchen während der Schwangerschaft. Ein gebildeter Geist führt im Durchschnitt also ebenso zu einem gesunden Körper wie zu einem gesunden Bankkonto.

Bessere Bildung bringt höheres Einkommen

Schon die Bildungsdauer hat also erheblichen Einfluss auf das individuelle Einkommen. Nun ist es aber keineswegs die Lösung, einfach alle möglichst lange in unseren mittelmäßigen Schulen sitzen zu lassen. Denn zunehmend zeigt sich, dass es für die Höhe des Einkommens nicht in erster Linie darauf ankommt, wie lange die Schulbank gedrückt wurde, sondern stärker noch darauf, welches Ausmaß an kognitiven Basiskompetenzen wie Mathematik, Naturwissenschaften und Lesen dabei erlernt wurde.[10] Der Einfluss grundlegender kognitiver Fähigkeiten auf das Einkommen ist im Zeitablauf sogar gestiegen, wie eine US-amerikanische Studie belegt hat.[11] Dort wurde auch gezeigt, dass selbst unter denjenigen, die vor jeglichem Abschluss die Schule abbrechen, die Qualität der kognitiven Basiskompetenzen Einfluss auf die Höhe des Einkommens hat.[12]

In einer weiteren grundlegenden amerikanischen Studie berechnen zwei Forscher zum einen, wie sich die Bildungsquantität, die für den Arbeitgeber in Form eines Schul- oder Universitätsabschlusses ersichtlich ist, auf den Verdienst des Beschäftigten auswirkt.[13] Zum anderen berechnen sie aber auch die Auswirkung der Bildungsqualität, also der tatsächlich vorhandenen Basiskompetenzen, die jeweils vor dem Berufseinstieg gemessen wurden, den Arbeitgebern aber nicht bekannt sind. Beide Zusammenhänge untersuchen die Forscher über den Verlauf des Erwerbslebens. Es zeigt sich, dass ein Arbeitnehmer direkt von seiner Einstellung an umso mehr verdient, je höher sein letzter Abschluss im Bildungssystem ist. Die dem Arbeitgeber zunächst unbekannte tatsächliche Leistungsfähigkeit hingegen spielt kaum eine Rolle, weil die wenigsten Arbeitnehmer sich vor der Einstellung einem Test dieser Kompetenzen unterziehen müssen. Wenn die Arbeitgeber ihre Angestellten und deren tatsächliche Fähigkeiten aber über mehrere Jahre kennen gelernt haben, spielt die reine Bildungsquantität eine zusehends kleinere Rolle für den Verdienst des Beschäftigten. In gleichem Maße steigt die Bedeutung der vor dem Berufseinstieg gemessenen, den Arbeitgebern zum Zeitpunkt der Einstellung aber noch unbekannten kognitiven Leistungsfähigkeit, die in hohem Maße ein Ergebnis der Ausbildungsqualität ist. Nach gut zehn Jahren Erwerbserfahrung wirkt sich auf das eigene Einkommen dann ausschließlich noch aus, was man tatsächlich weiß, und nicht mehr, wie lange man für das Erlernen gebraucht hat. Letztlich gilt also: Auf die erworbene Bildungsqualität kommt es an, nicht auf die bloße Bildungsquantität und den Abschluss auf dem Papier. Die wirtschaftliche Bedeutung einer Ausbildung liegt damit also in der Qualität des Gelernten.

Letztlich gilt: Auf das erlernte Wissen kommt es an, nicht darauf, wie lange man die Schulbank gedrückt hat

Womit wir bei der Verbindung zwischen dem PISA-Test, der diese Qualität misst, und unserer wirtschaftlichen Entwicklung angelangt sind. Für die wirtschaftliche Leistungsfähigkeit Deutschlands ist es verhängnisvoll, dass deutsche Schüler in den internationalen Vergleichstests kognitiver Basiskompetenzen wie TIMSS und PISA nur mittelmäßig abschneiden, die Dauer der Ausbildung aber relativ lang ist.

Die Ungleichheit unserer Schülerleistungen birgt Sprengstoff – als Einkommensungleichheit der Zukunft

Nun ist Bildung ein ungleich verteiltes Gut. Weil die Bildung eines Erwerbstätigen einen so großen Einfluss auf sein Einkommen hat, wirkt sich die ungleiche Verteilung von Bildung in der Bevölkerung zusätzlich stark auf die Verteilung der Einkommen aus. Der internationale Vergleich bestätigt diesen engen Zusammenhang zwischen Ungleichheit in den Bildungsleistungen und Einkommensungleichheit zwischen den Bürgern eines Landes (siehe Abbildung 2.4). Im Gegensatz dazu stehen zum Beispiel Mindestlöhne und der gewerkschaftliche Organisationsgrad der Arbeiter kaum in Zusammenhang mit den internationalen Unterschieden in der Einkommensungleichheit.[14] Was bei der Bildung also versäumt wird, kann durch spätere politische Maßnahmen kaum mehr eingeholt werden!

Was bei der Bildung versäumt wird, kann durch spätere politische Maßnahmen kaum mehr eingeholt werden

Wie Abbildung 2.4 belegt, ist die Streuung der Testleistungen in der arbeitenden Bevölkerung in Deutschland im internationalen Vergleich Mitte der 1990er Jahre noch relativ gering. Unter den heutigen Schülern aber ist sie ausgeprägter als in nahezu jedem anderen Land! Der Leistungsunterschied zwischen den besten und den schlechtesten Schülern ist in Deutschland neben Belgien am größten, wie bereits Abbildung 1.2 zeigte. Meine Berechnungen zeigen,

Die viel diskutierte Schere zwischen Arm und Reich wird aufgrund der steigenden Ungleichheit in den Bildungsleistungen weiter aufklappen

dass in Deutschland die Ungleichheit der Bildungsleistungen der Schüler in der Tat seit den ersten internationalen Vergleichsstudien der 1960er und 70er Jahre wie in keinem anderen Land angestiegen ist, und dass sie im Vergleich zu den anderen in Abbildung 2.4 betrachteten Ländern von den Ältesten zu den Jüngsten in der arbeitenden Bevölkerung am stärksten angestiegen ist.

Diese Tatsache sollte uns alarmieren, denn sie wird dazu führen, dass sich die Unterschiede in der Einkommensverteilung drastisch verstärken werden, dass also die viel diskutierte Schere zwischen Arm und Reich noch weiter aufklappen – und uns empfindlich schneiden wird.

2.4: Je größer die Unterschiede in der Bildung, desto größer die Unterschiede zwischen den Einkommen

Testleistungen sind Ergebnisse im Textverständnistest des International Adult Literacy Survey, der zwischen 1995 und 1997 durchgeführt wurde.[15]

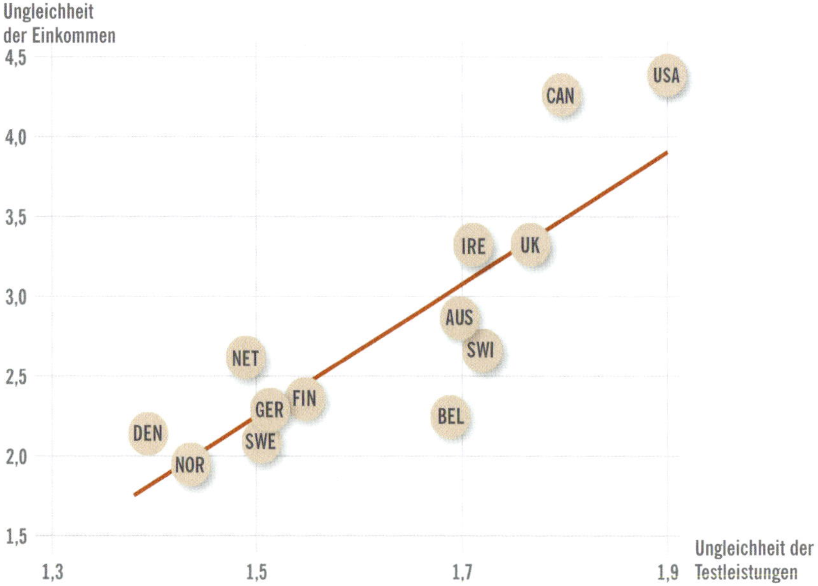

Keine Arbeit für Geringqualifizierte

Länder mit relativ starren Arbeitsmärkten, etwa Deutschland oder Frankreich, weisen aufgrund von gewerkschaftlichen Verhandlungen oder sozialstaatlich gesicherten Alternativeinkommen de facto Mindestlöhne auf, die oberhalb dessen liegen, was viele Geringqualifizierte eigentlich erwirtschaften würden. Die Fähigkeit, viel oder wenig zu erwirtschaften, produktiv oder weniger produktiv zu sein, hängt – darauf deuten alle Studien hin – von der Qualität der Bildung eines Arbeitnehmers ab. Für alle, deren Produktivität aufgrund mangelnder Bildung so gering ist, dass ihr Einkommen unterhalb dieses Mindestlohns liegen würde, lohnt es sich, auf das staatlich zugesicherte Mindesteinkommen – in Deutschland wirkt Hartz IV analog – zurückzugreifen, anstatt eine solche gering entlohnte Arbeit anzunehmen (man denke an die fast schon sprichwörtlich gewordenen Erntehelfer, die so schwer zu finden sind). Damit steigt die Anzahl derjenigen Menschen, die von diesen Sozialleistungen Gebrauch machen – und die Zahl der Arbeitslosen. Darüber hinaus werden Unternehmen, die mit tariflich entlohnten, aber wenig produktiven Angestellten weniger erwirtschaften würden als sie für Löhne ausgeben müssten, diese Arbeitsplätze nicht anbieten. Und wieder steigt die Arbeitslosigkeit – der Geringqualifizierten. So beeinflusst die Qualität der Bildung eines Arbeitnehmers also nicht nur die Höhe seines Einkommens, sondern auch die Wahrscheinlichkeit, mit der er überhaupt einer Lohnarbeit nachgehen wird. Ein Land wie Deutschland, dessen Schulen viele seiner Bürger nur schlecht ausbilden, wird folglich mit einer hohen Arbeitslosenquote zu kämpfen haben.

Ein Land wie Deutschland, dessen Schulen viele seiner Bürger nur schlecht ausbilden, wird in der Folge mit einer hohen Arbeitslosenquote zu kämpfen haben

Der Effekt der Bildung auf die Arbeitslosigkeit ist in Abbildung 2.5 leicht ersichtlich.[16] In allen Ländern mit nennenswerter Arbeitslosigkeit variiert diese stark mit dem Bildungsniveau. Während die oftmals beschworene »Akademikerarbeitslosigkeit« in allen Ländern durchweg relativ gering ist, sind die Arbeitslosenraten in den Personengruppen ohne

2.5: Arbeitslosenrate nach Bildungsabschluss

Arbeitslosenrate in Prozent, 30- bis 44-jährige Männer, 2001.

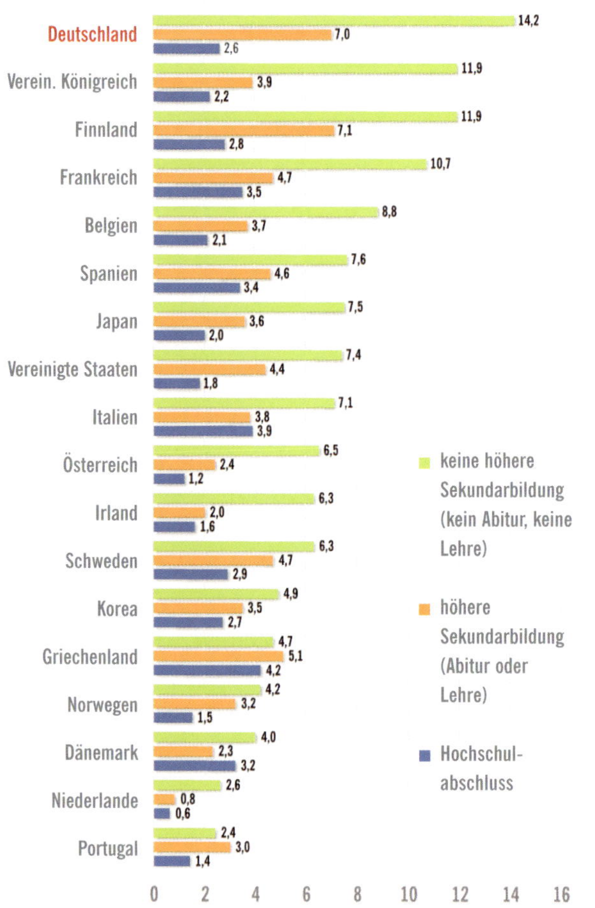

höhere Sekundarbildung (entspricht in Deutschland dem Abitur oder der Lehre) in den meisten Ländern sehr hoch. Besonders ausgeprägt ist dieser Umstand in Deutschland, wo die Arbeitslosenrate von Personen ohne Abitur oder Berufsschulabschluss bei über 14 Prozent liegt, bei Personen mit Abitur oder Berufsschulabschluss bei sieben Prozent und bei Personen mit Hochschulbildung sogar nur bei unter drei Prozent. Arbeitslosigkeit ist also vor allem ein Problem der Geringqualifizierten – für Hans-Werner Sinn »die deutsche Krankheit« schlechthin.[17]

Noch deutlicher wird der Zusammenhang zwischen Bildung and Arbeitslosigkeit in Abbildung 2.6, in der die Bildungsniveaus in Deutschland noch feiner aufgegliedert sind.[18] Während mehr als jeder vierte Deutsche ohne mittlere Reife arbeitslos ist, ist unter den Universitätsabsolventen weniger als jeder zwanzigste arbeitslos. Eine Arbeitslosigkeit von über 25 Prozent unter den Menschen ohne schulischen Abschluss sollte ein Mahnmal für die Dringlichkeit sein, mit der wir das Problem mit unseren Schulen angehen müssen. Besonders frappierend ist auch, dass die Arbeitslosigkeit mit jedem der sieben aufeinander folgenden Bildungsabschlüsse stetig abnimmt. Und allen Prognosen zufolge wird sich diese Situation in Zukunft nur noch weiter verschärfen. In einer Gesellschaft wie der unsrigen, die sich zunehmend zu einer Wissensgesellschaft entwickelt, während Arbeitsplätze in der Fertigung ins Ausland verlagert werden, wird es immer weniger Nachfrage nach gering qualifizierten Tätigkeiten geben. Menschen ohne eine solide Bildung werden kaum noch eine Chance haben, der Arbeitslosigkeit zu entgehen.

Eine Arbeitslosigkeit von über 25 Prozent unter den Menschen ohne schulischen Abschluss sollte ein Mahnmal für die Dringlichkeit sein, mit der wir das Problem mit unseren Schulen angehen müssen.

Dasselbe Bild ergibt sich, betrachtet man den Zusammenhang zwischen Arbeitslosigkeit und Qualität der Fähigkeiten in Rechnen, Naturwissenschaften und Lesen. Menschen, die hier besser sind, sind seltener arbeitslos.[19] In gleicher Weise besteht auch ein positiver Zusammenhang

2.6: Je höher der Bildungsabschluss, desto kleiner die Gefahr arbeitslos zu werden

Arbeitslosenrate nach höchstem Bildungsabschluss, in Prozent, 25- bis 64-jährige Männer, 2003.

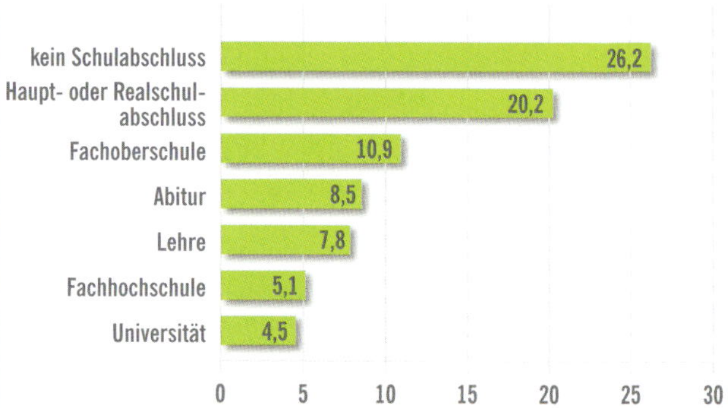

Es sind mangelnde Bildungsleistungen, die im Kern des europäischen und auch des deutschen Arbeitslosigkeitsproblems liegen

zwischen höherer Bildungsquantität und -qualität einerseits und der Wahrscheinlichkeit, sich überhaupt erst am Arbeitsmarkt zu beteiligen und einen Arbeitsplatz zu suchen, andererseits. Wie sich die Zusammenhänge zwischen Bildung und Arbeitslosigkeit genauer gestalten, wird noch zu erforschen sein. Eines aber möchte ich schon jetzt festhalten: Die vorliegenden Fakten deuten darauf hin, dass es mangelnde Bildungsleistungen sind, die im Kern des europäischen und auch des deutschen Arbeitslosigkeitsproblems liegen.

Nicht für die Schule, sondern fürs Leben? Das Rütli-Problem

In der Theorie müsste der Vergleich der Arbeitslosenzahlen nach Schulabschlüssen eigentlich für jeden Schüler einen erheblichen Anreiz darstellen, zumindest einen Berufsschulabschluss anzustreben. Doch diese Theorie hilft nicht weiter bei Zuständen wie an der Rütli-Schule in Berlin-Neukölln, deren Lehrer Anfang 2006 die Schließung der

Schule in ihrer damaligen Form forderten. Generell kommt es wohl auch auf die Perspektiven an, die für Schüler an ihrer Schule über den Abschluss hinaus erkennbar werden, und die waren in einem Umfeld wie dem der Berliner Rütli-Hauptschule kaum vorhanden.

»Non scholae, sed vitae discimus« – nicht für die Schule, sondern fürs Leben lernen wir! Das führen Lehrer seit jeher zur Motivation ihrer Schüler an. Aber was, wenn alles in ihrer Umgebung den Schülern zu sagen scheint, dass das nicht stimmt? Wenn weder Eltern noch Bekannte Arbeit haben, wenn niemand in der Familie morgens um acht Uhr irgendwo sein muss, wenn die Familie, solange man denken kann, leidlich von Sozialhilfe lebt? Wenn, wie an der Rütli-Schule tatsächlich der Fall, kein einziger (!) Schüler im ganzen Jahrgang einen Ausbildungsplatz bekommen hat? Wenn wichtige Vorbilder wie Stars, Schauspieler, Sänger und Sportler ihr großes Geld ganz sicher nicht aufgrund ihrer guten Bildung machen? Dann kann man es keinem vernünftigen Menschen verdenken, wenn er sich das Sprichwort so herum denkt, wie es der alte Seneca tatsächlich geschrieben hat: »Non vitae, sed scholae discimus« – wer will nur für die Schule schon Zeit und Mühe aufbringen?

Was, wenn alles in ihrer Umgebung den Schülern zu sagen scheint, dass der Abschluss, den sie erreichen können, ihnen auch nicht weiterhelfen wird?

Wenn weder Schule noch Umfeld den Schülern eine Perspektive eröffnen können, dann kann man ihnen kaum vorwerfen, dass die Anreize bei ihnen nicht ziehen und sie sich um das Lernen einen Dreck scheren. Gerade in diesem Dilemma scheinen mir die Vorfälle an der Berliner Rütli-Schule zu wurzeln, die eine erneute Diskussion um die Struktur des Schulsystems, um Integration und Gewaltprävention entfacht haben. Doch einige politische Kommentatoren, eher aus der ideologisch-konservativen Ecke, nutzten die Vorfälle wieder einmal nur, um eine Gewaltdebatte mit der Forderung drakonischer Strafen zu führen, die weder den Kindern und Jugendlichen hilft, noch der ökonomischen und bildungspolitischen Dimension des Problems gerecht wird.

Denn Rütli ist nur ein besonders auffälliges Symptom dessen, woran unser Schulsystem krankt: Jahr für Jahr verlassen über acht Prozent der Absolventen die Schule ohne jeglichen Abschluss. Bei PISA lag der Anteil der 15-jährigen Schüler, die kaum über Mindestkompetenzen in Lesen und Rechnen verfügen, bei alarmierenden 22 Prozent. Und – wie gesagt – in so gut wie keinem anderen Land ist die Streuung der PISA-Leistungen so hoch wie in Deutschland.

Was das für die Lebensperspektive der Betroffenen bedeutet, veranschaulichen die gerade diskutierten Arbeitslosenzahlen, die doch eigentlich Anreiz sein könnten, sich in der Schule anzustrengen. Doch wenn es im eigenen Umfeld niemanden gibt, der vorführen könnte, was durch Bildung zu erreichen ist, sondern stattdessen so gut wie alle arbeitslos sind, wie sollte die Perspektive eine andere sein als eben – Arbeitslosigkeit. So antwortete auf der Rütli-Hauptschule ein von seiner Lehrerin auf seine Berufswünsche angesprochener Schüler: »Ey, Alte, ich will Hartz IV werden.«

Die volkswirtschaftlichen Kosten der Verschwendung menschlichen Vermögens, die wir derzeit betreiben, sind – gerade in einer Gesellschaft, die auf materiellen Ausgleich bedacht ist – schlichtweg nicht zu tragen

Eine solche Perspektivlosigkeit für große Bevölkerungsgruppen kann sich keine Gesellschaft leisten. Natürlich schon nicht mit Blick auf die Menschenwürde, aber auch nicht aus rein ökonomischer Sicht. Die volkswirtschaftlichen Kosten einer solchen Verschwendung menschlichen Vermögens sind – gerade in einer Gesellschaft, die auf materiellen Ausgleich bedacht ist, d.h. die einspringt, wenn jemand zu wenig hat – schlichtweg nicht zu tragen. Um den negativen Kreislauf der Perspektivlosigkeit zu durchbrechen, sind zum einen weitere Reformen auf dem Arbeitsmarkt, im Sozialversicherungssystem und in der Immigrations- und Integrationspolitik unbedingt notwendig.

Den wohl vielversprechendsten Ansatzpunkt aber bietet die Bildungspolitik: Wenn es gelingt, im Schulsystem ein möglichst hohes Maß an Chancengleichheit herzustellen, bedarf es nicht eines exzessiven Sozialstaates, der versucht, Ungleichheit im Nachhinein auszugleichen! Ein allzu umfangreicher Sozialstaat ist nicht nur teuer, sondern auch leistungsfeindlich. Er senkt den Anreiz zu arbeiten, weil das ohne Arbeit zu erzielende Einkommen nahe am erzielbaren Arbeitslohn liegt. Deshalb ist dieser anreizfeindliche Sozialstaat nach weitläufiger ökonomische Ansicht mitverantwortlich für die hohe deutsche Arbeitslosigkeit und das unbefriedigende volkswirtschaftliche Wachstum. Wie man stattdessen durch die richtigen bildungspolitischen Maßnahmen die Chancengleichheit erhöhen und damit die Perspektivlosigkeit ganzer Schülerschichten verringern kann, das wird Thema des fünften Kapitels sein.

Wenn es gelingt, im Schulsystem ein möglichst hohes Maß an Chancengleichheit herzustellen, bedarf es nicht eines exzessiven Sozialstaates, der versucht, Ungleichheit im Nachhinein auszugleichen

Die Volkswirtschaft braucht bessere Schulbildung

Ist auch für unsere Volkswirtschaft richtig, was für den Einzelnen gilt? Ist Bildung auch für das Ganze der Schlüssel zu Wohlstand und Entwicklung?

Zwei Überlegungen sprechen dafür.[20] Zum einen erhöhen Investitionen in Bildung die Arbeitsproduktivität und das Einkommen des Einzelnen und dadurch das gesamtwirtschaftliche Leistungspotenzial. Zum anderen gilt Bildung als der wichtigste Motor für Innovationen und damit für technischen Fortschritt, der wiederum die langfristige Wachstumsrate einer Volkswirtschaft bestimmt.

Und die Fakten belegen diesen Zusammenhang: Die in Abbildung 2.2 dargestellte durchschnittliche Länge der Ausbildung der arbeitenden Bevölkerung – die Bildungsquantität – hat einen starken Einfluss auf das Wirtschaftswachstum.[21] Die Bildungsqualität erweist sich weltweit als der im Vergleich sicherste Einflussfaktor auf das langfristige Wachstum des Bruttoinlandsprodukts pro Kopf.[22] Auch eine einflussreiche europäische Studie kommt zu dem Ergebnis, dass jedes zusätzliche Bildungsjahr im EU-Durchschnitt die Produktivität eines Landes direkt um gut sechs Prozentpunkte sowie langfristig durch ihre positive Wirkung auf den technischen Fortschritt noch zusätzlich um gut drei Prozentpunkte erhöht.[23]

Bildung, und insbesondere die durch kognitive Basiskompetenzen wie Mathematik, Naturwissenschaften und Textverständnis gemessene Bildungsqualität, ist ein ganz entscheidender Faktor für die langfristige wirtschaftliche Entwicklung von Volkswirtschaften

Neben den Effekten der Bildungsdauer hat sich aber die Bildungsqualität als noch weitaus wichtigerer Einflussfaktor auf das langfristige Wirtschaftswachstum von Volkswirtschaften herausgestellt.[24] Dabei wird die Bildungsqualität durch das Abschneiden in den internationalen kognitiven Schülerleistungstests gemessen, zumeist Vorgängerstudien der (in Abbildung 1.1 dokumentierten) PISA-Studie. Die auf den neuesten Daten basierende Abbildung 2.7 stellt den außerordentlich positiven Effekt der Punktzahlen in internationalen Schülerleistungstests auf die Wachstumsrate des Bruttoinlandsprodukts pro Kopf zwischen 1960 und 2000 dar. Dabei wurden die Einflüsse des Ausgangsniveaus des Bruttoinlandsprodukts und der Quantität der Bildung herausgerechnet; auch die Berücksichtigung weiterer Einflüsse wie etwa der internationalen Offenheit des jeweiligen Landes oder der geographischen Lage ändert nichts an dem zentralen Befund.

Die Ergebnisse belegen, dass zwar sowohl die Bildungsquantität als auch die Bildungsqualität für wirtschaftliches Wachstum von Bedeutung sind, dass aber die Qualität sich als wesentlich wichtiger erweist.

Wie groß ist dieser Wachstumseffekt einer besseren Schulbildung? Betrachten wir einmal, was es bedeuten würde, wenn Deutschland, statt sich etwa im PISA-Mittelfeld von 500 Punkten aufzuhalten (knapp 450 Punkte unter Herausrechnung von Unterschieden im 1960 erreichten Entwicklungsniveau und Bildungsquantität wie in Abbildung 2.7), zu den PISA-Spitzenreitern wie Finnland und Korea von etwa 540 Punkten aufschließen würde. Solch eine 40-Punkte-Verbesserung würde langfristig – der volle Effekt setzt realistischerweise erst nach gut 30 Jahren ein – mit einem zusätzlichen jährlichen Wirtschaftswachstum von 0,5-0,8 Prozentpunkten einhergehen. Im Vergleich zum jährlichen wirtschaftlichen Wachstum von nur 1,26 Prozent, das wir im Durchschnitt der letzten zehn Jahre hatten, wäre dies eine Steigerung um sage und schreibe rund die Hälfte!

Zu ähnlichen Ergebnissen über die große Bedeutung der Bildungsqualität kommen Analysen, die die internationalen Unterschiede im wirtschaftlichen Entwicklungsni-

2.7: Mit besseren Schülerleistungen steigt das Wirtschaftswachstum

Zusammenhang zwischen Schülerleistungen und Wirtschaftswachstum (1960 und 2000) unter Herausrechnung zahlreicher weiterer Einflussfaktoren; jeder Punkt steht für einen Staat.

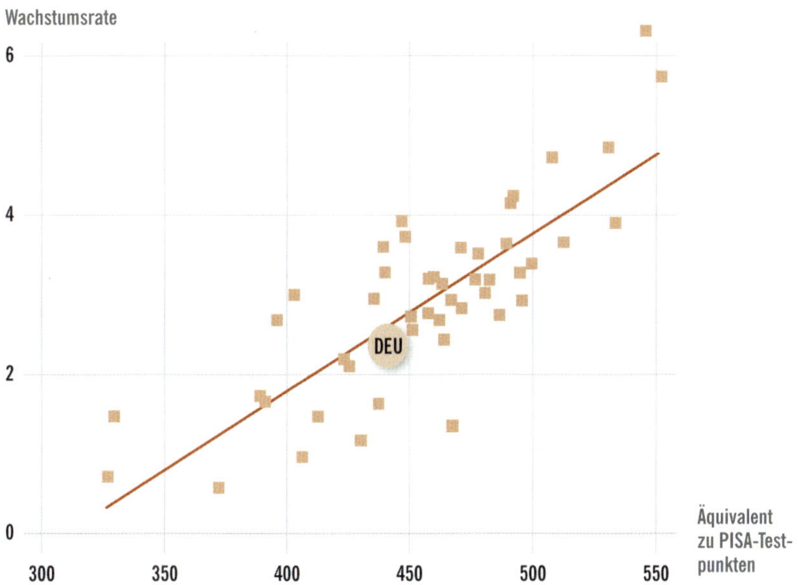

Wenn Deutschland zu den PISA-Spitzenreitern aufschließen würde, könnte unser langfristiges Wachstum um die Hälfte ansteigen

veau von über 100 Ländern durch die Wirtschaftsleistung pro Arbeiter messen und in mögliche Bestimmungsfaktoren aufteilen. Schon durch internationale Unterschiede in der Bildungsdauer lassen sich rund 20 Prozent der internationalen Unterschiede im wirtschaftlichen Entwicklungsniveau erklären; durch eine zusätzliche Berücksichtigung der Bildungsqualität wird dieser Wert sogar mehr als verdoppelt auf 45 Prozent. In einer kleineren Ländergruppe mit besserem Datenmaterial steigt der der Bildung zugewiesene Anteil gar auf über 60 Prozent.[25] Bildung, und insbesondere die durch kognitive Basiskompetenzen wie Mathematik, Naturwissenschaften und Textverständnis gemessene Bildungsqualität, ist also ein ganz entscheidender Faktor für die langfristige wirtschaftliche Entwicklung von Volkswirtschaften.

Auch andere profitieren von der höheren Bildung des Einzelnen

Die gerade beschriebenen gesamtwirtschaftlichen Auswirkungen der Bildung unterscheiden sich von den zuvor betrachteten individuellen Auswirkungen dadurch, dass sie neben den privaten auch die sozialen Kosten und Nutzen der Bildung berücksichtigen. Der Staat nimmt den Privatpersonen in der Tat einen ganzen Teil der direkten Bildungskosten ab, indem er mit seinen öffentlichen Bildungsausgaben Schulen und Lehrer, Universitäten und Professoren finanziert. Diesen sozialen Kosten stehen aber auch soziale Nutzen gegenüber, die nicht nur dem sich Bildenden, sondern allen zugute kommen. Denn das Verhalten der Menschen ändert sich durch Bildung so, dass es der Allgemeinheit zugute kommt.

Zum Ersten sind besser gebildete Menschen im Durchschnitt weniger kriminell, und das spart dem Staat Geld – für Prävention, Strafverfolgung etc.[26] Zum Zweiten sind sie die besseren Staatsbürger: Sie gehen öfter zur Wahl, informieren sich stärker über politische Themen, sie sind für Meinungsfreiheit und engagieren sich öfter ehrenamtlich.[27] Solches Staatsbürgertum stärkt die Stabilität der demokratischen Ordnung und kann sich dadurch auch positiv auf die langfristige wirtschaftliche Entwicklung auswirken. Zum Dritten bewirkt eine höhere Bildung der Mutter gesündere Kinder – wie schon erwähnt unter anderem, weil gebildetere Schwangere die angebotenen Mutterschaftsvorsorgemaßnahmen stärker nutzen und seltener während der Schwangerschaft rauchen.[28] Durch Effekte wie verringerte Kriminalität, engagierteres Staatsbürgertum und verbesserte Gesundheit anderer hat Bildung also einen günstigen Einfluss auf die Allgemeinheit, der sich wiederum positiv auf die gesamtwirtschaftliche Entwicklung auswirken kann.[29]

Durch verringerte Kriminalität, engagierteres Staatsbürgertum und verbesserte Gesundheit anderer hat Bildung einen günstigen Einfluss auf die Allgemeinheit, der sich wiederum positiv auf die gesamtwirtschaftliche Entwicklung auswirken kann

Jeder Dritte im öffentlichen Dienst arbeitet im Bildungsbereich

Die staatliche Bildungsfinanzierung macht einen bedeutenden Bestandteil der öffentlichen Finanzen aus. Beginnen wir mit einer Betrachtung der Bildungsausgaben insgesamt im internationalen Vergleich. Im Vergleich der Bildungsausgaben von Grund- bis Hochschule pro Lernendem (relativ zum Bruttoinlandsprodukt pro Kopf) liegt Deutschland im internationalen Mittelfeld (Abbildung 2.8).[30] Da der Großteil dieser Bildungsausgaben von der öffentlichen Hand getragen wird, macht die Bildung einen substantiellen Anteil des fiskalischen Handelns aus. In den meisten Ländern belaufen sich die staatlichen Bildungsausgaben auf rund 10-15 Prozent der öffentlichen Haushalte. Dass Deutschland bei diesem Vergleich mit rund zehn Prozent am unteren Ende liegt, ist natürlich auch stark dadurch bedingt, dass die gesamten staatlichen Ausgaben als Bezugsgröße relativ groß

2.8: Bildungsausgaben pro Schüler

Jährliche Bildungsausgaben pro Schüler im Verhältnis zum Bruttoinlandsprodukt pro Kopf in Prozent, Grundschul- bis Hochschulbereich, 2002.

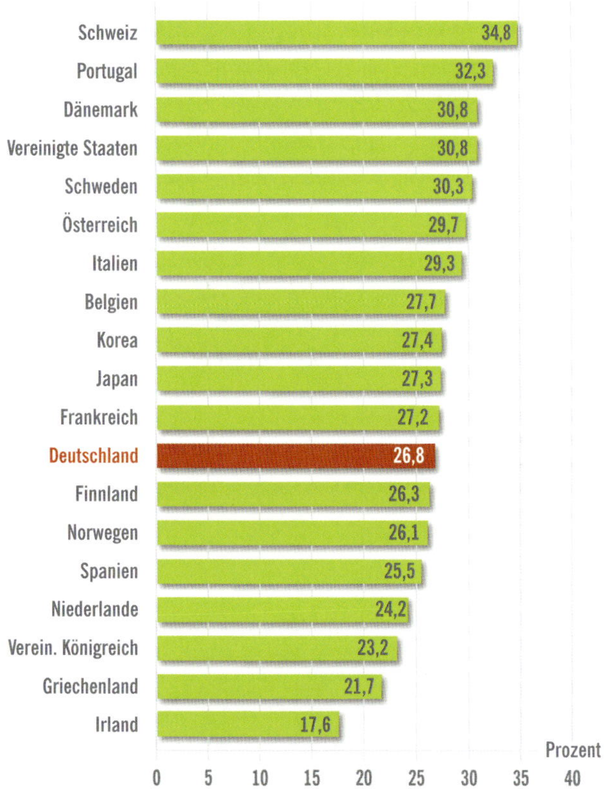

sind. An den Größenverhältnissen bei den Staatsausgaben kann man aber auch die Prioritätensetzung staatlicher Politik ablesen. Ist der Staat zukunftsorientiert (Bildungsausgaben) oder zahlt er nur hinterher bei dem drauf, was er vorher versäumt hat (Ausgaben für sozialen Ausgleich)? In einer solchen Betrachtung kommt Deutschland nicht gut weg. Gleichwohl machen die öffentlichen Bildungsausgaben auch in Deutschland beispielsweise mehr als das Dreifache der gesamten öffentlichen Ausgaben für Verteidigung aus, oder auch mehr als das Dreifache der öffentlichen Ausgaben für Verkehr und Nachrichtenwesen.[31] Aufgrund der Bildungshoheit der Länder fallen die Bildungsausgaben ganz besonders in den Landeshaushalten ins Gewicht – im Durchschnitt mit einem Anteil von über 28 Prozent. Da der Bildungssektor besonders personalintensiv ist, ist sein Anteil am öffentlichen Personal noch größer. Über 24 Prozent der Personalausgaben aller öffentlichen Haushalte gehen an Lehrer, Professoren, Angestellte in der Bildungsverwaltung etc. Nahezu ein Drittel der öffentlichen Beschäftigten sind in Schulen und Hochschulen tätig; der Schulbereich ist der mit Abstand größte einzelne Posten der öffentlichen Beschäftigung (Abbildung 2.9). Die Bedeutung der Bildung als Anteil an den öffentlichen Budgets steht also außer Frage.

Ist der Staat zukunftsorientiert oder zahlt er nur hinterher bei dem drauf, was er vorher versäumt hat?

2.9: Der größte Teil des öffentlichen Personals arbeitet im Bildungsbereich

Personal des Bundes, der Länder und der Gemeinden, 2004.[32]

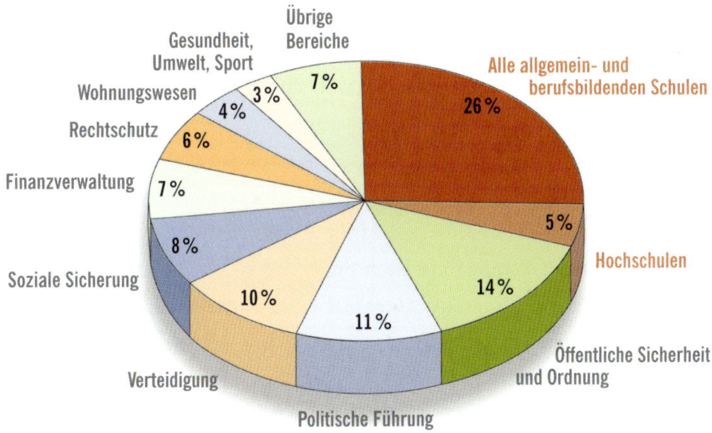

Von Mythen zu Fakten: Warum PISA wirtschaftlich wichtig ist

Ebenso zahlreiche wie komplexe Analysen beweisen also, warum Bildung im Allgemeinen, und kognitive Basiskompetenzen, wie sie etwa in der PISA-Studie getestet wurden, im Besonderen, für unsere Wirtschaft von immenser Bedeutung sind. Beim individuellen Einkommen, der gesellschaftlichen Einkommensverteilung, der Arbeitslosigkeit, beim volkswirtschaftlichen Wachstum und den öffentlichen Haushalten – in allen Bereichen ist die zentrale ökonomische Bedeutung der Bildung unverkennbar.

Eine faktenbasierte Schulpolitik ist ein zentraler Bestandteil erfolgreicher Wirtschaftpolitik

Durch ihren Einfluss auf Arbeitslosigkeit und Wachstum steht Bildung im Zentrum der derzeit drängendsten wirtschaftspolitischen Probleme in Deutschland und Europa. Ein weiteres Problem, das in Zukunft noch weitaus massiver auf uns zukommen wird als bisher, ist die ungleiche Verteilung der Einkommen – als Folge der immer ungleicheren Bildungsleistungen in unserem Land. Damit wird eine faktenbasierte Schulpolitik zu einem zentralen Bestandteil erfolgreicher Wirtschaftspolitik, ohne den wir die Herausforderungen unserer modernen wissensbasierten Volkswirtschaft nicht mehr bewältigen können.

Wann werden wir endlich begreifen, dass eine gelungene Schulpolitik eine Investition ist, die sich ganz handfest auszahlt? Wann werden wir endlich den Weg einschlagen, den die Daten und Fakten uns weisen? Denn täten wir das, dann könnten wir mit einer Verbesserung der schulischen Leistungen eine signifikant bessere wirtschaftliche Entwicklung sowie sinkende Arbeitslosigkeit und Armut befördern. Und diese Verbesserung ist vor allem durch ein Loslassen ideologisch geprägter Vorurteile, durch Umdenken und den besseren Einsatz der Gelder zu haben – wohingegen wir Arbeitslosigkeit und Armut ansonsten im Nachhinein mit gro-

Die fünf zentralen Befunde:

1. Wer eine bessere Bildung genossen hat, **verdient** später mehr.
2. Wie ungleich in einem Land die **Einkommen verteilt** sind, hängt maßgeblich davon ab, wie groß die Unterschiede in den Bildungsleistungen sind – und unter den heutigen Schülern gehört Deutschland zu den traurigen Spitzenreitern in der Ungleichheit der Bildungsleistungen.
3. Kaum irgendwo sonst ist die **Arbeitslosigkeit** so stark auf Personen mit geringer Bildung konzentriert wie in Deutschland.
4. Länder, deren Bevölkerung bessere Bildungsleistungen aufweist, erfreuen sich langfristig an einem bedeutend höheren **Wirtschaftswachstum**.
5. Unser Bildungssystem, das erkennbar mittelmäßige bis unterdurchschnittliche Leistungen hervorbringt, kostet die **öffentlichen Haushalte** sehr viel Geld.

ßen finanziellen Aufwendungen, etwa für die soziale Sicherung, bekämpfen müssten.

Der Investitionscharakter der Bildung macht gleichzeitig deutlich, dass Bildung vergleichsweise langfristige wirtschaftliche Lösungen bietet. Dennoch ist die Bildung der nachwachsenden Generationen in einer Wissensgesellschaft – zudem einer alternden wie der deutschen – ein ebenso unverzichtbarer wie maßgeblicher Bestandteil jeglicher langfristiger Lösung der wirtschaftlichen Grundprobleme. Für den Moment können wir uns die Vermessenheit noch leisten, mit der wir ein Schulsystem beibehalten, das allen wissenschaftlichen Erkenntnissen entgegensteht. Aber spätestens unsere Kinder werden dafür bezahlen müssen. Darum müssen wir jetzt handeln.

3. Fehlt es vor allem am Geld?

»Kleine Klassen –
Große Klasse«
MARIANNE DEMMER
(Stellv. Vorsitzende, Gewerkschaft Erziehung und Wissenschaft)

»In der Regel lassen die Lehrer
die Chancen kleinerer Klassen ungenutzt.«
GRIT IM BRAHM
(Erziehungswissenschaftlerin)

PISA ist also wichtig. Doch wie kommt es zu schlechten schulischen Leistungen – und vor allem: Wie erreichen wir eine gute Schülerleistung? Mit dieser Frage werden sich alle weiteren Kapitel dieses Buches beschäftigen.

Die erste Antwort, die ich darauf meist höre, lautet: Wir brauchen mehr Geld! Kann also eine Ausweitung der Bildungsbudgets zu einer Steigerung der erlernten Basiskompetenzen der Schüler beitragen?

Zwei Forderungen werden in diesem Zusammenhang besonders regelmäßig vorgebracht. Erstens: »Die Landesregierungen müssen mehr Geld für zusätzliche Lehrer einsetzen, damit die Klassen kleiner werden!« Zweitens: »Bringt die Schulen ans Netz und liefert die neueste Lernsoftware für zu Hause gleich mit!«

Auf den ersten Blick mag das plausibel klingen. Falsch gedacht. Aufwändige mikroökonometrische Studien anhand der internationalen Schülerleistungsvergleiche – also Studien, die die Schülerdaten anhand ausgefeilter statistischer Methoden quantitativ analysieren – deuten nämlich darauf hin, dass die tatsächlichen schulischen Leistungen durch beide Maßnahmen kaum verbessert werden können.

Da es bei diesen Forderungen ums Geld geht, ist eine ökonomische Betrachtungsweise besonders sinnvoll. So müsste der Nutzen, den zum Beispiel eine Verkleinerung der Klassen – sagen wir von durchschnittlich 25 auf 19 Schüler – möglicherweise bringt, seinen Kosten gegenübergestellt werden. Die Kosten dafür aber wären beachtlich: Für unser Beispiel entsprächen sie einem Anstieg von rund einem Viertel des gesamten Bildungsbudgets! Nur wenn der Nutzen dieser Verkleinerung der Klassengrößen die Kosten dafür überstiege, wäre es wirklich sinnvoll, die Klassen zu verkleinern. In Anbetracht der fundamentalen Bedeutung dieser Fragestellung ist es erstaunlich, dass wir in Deutschland bisher über den Einfluss der Klassengröße auf die Leistungen der Schüler eigentlich so gut wie nichts wissen. Das möchte ich ändern. Denn es gibt mittlerweile Daten, die wir nutzen können.

Über den Einfluss der Klassengröße auf die Schülerleistungen wissen wir in Deutschland eigentlich so gut wie nichts

Mehr Geld ist zuwenig

Fangen wir mit folgender Frage an: Geben die Länder, die bei PISA und Co. die Spitzenplätze einnehmen, systematisch mehr Geld für ihr Schulsystem aus als die Länder, die auf den hinteren Plätzen landen? Abbildung 3.1 stellt den internationalen Zusammenhang zwischen der Höhe der Ausgaben und den Mathematikleistungen in der neuesten PISA-Studie dar. Das Ergebnis ist aus verschiedensten internationalen Vergleichstests lange bekannt: Länder mit höhe-

3.1: Kein deutlicher Zusammenhang zwischen den Ausgaben pro Schüler und den erzielten Schülerleistungen[1]

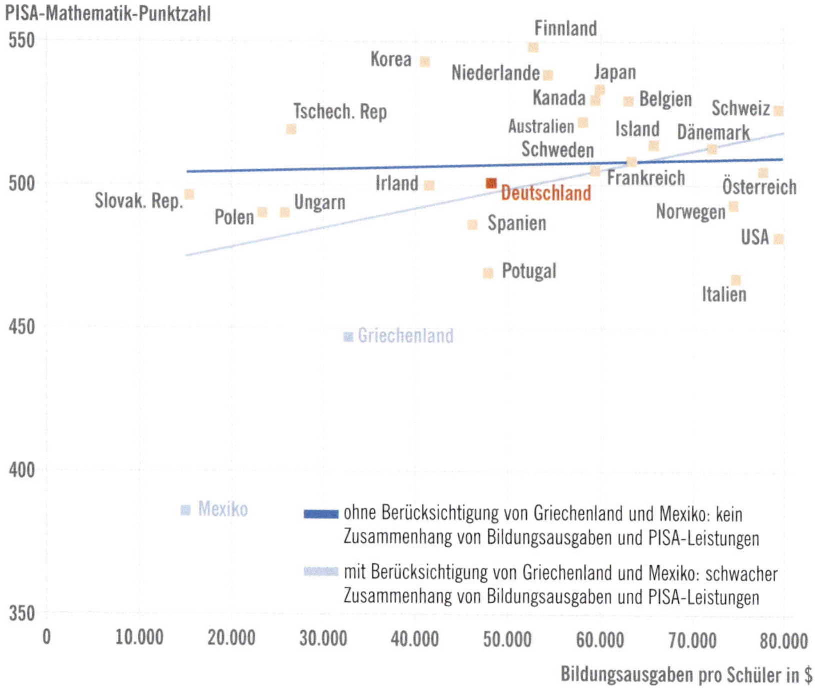

ren Bildungsausgaben schneiden im Ländervergleich *nicht* systematisch besser ab.

Zwar zieht die OECD[2] aus den vorliegenden Daten die Schlussfolgerung, dass ein positiver Zusammenhang zwischen Ausgaben und Schülerleistungen besteht. Und tatsächlich sieht es bei Betrachtung aller Länder und ohne etwaige Bedingungen, die das Ergebnis verfälschen könnten, zu berücksichtigen so aus, als ob die Länder, die mehr Geld in ihr Schulsystem investieren, tatsächlich geringfügig besser abschnitten. (Dieser Sachverhalt wird in der Grafik wiedergegeben durch die hellblaue Linie.) Aber schon eine einfache Betrachtung der Abbildung zeigt, wie abwegig ein solcher Schluss ist: Ganz offensichtlich basiert dieser ohnehin sehr schwache positive Zusammenhang einzig und allein darauf, dass Mexiko – und zu einem geringeren Maße Griechenland – sowohl wenig für ihr Schulsystem ausgeben als auch ihre Schüler nicht besonders gut ausbilden. Doch für das schwache Abschneiden der griechischen und mexikanischen Schüler gibt es auch noch andere Gründe, vor allem der schwache Bildungs- und sozioökonomische Hintergrund vieler Familien. Ohne Berücksichtigung dieser beiden Länder ergibt sich nicht der geringste Zusammenhang zwischen Ausgaben und Leistungen (durch die dunkler blaue Linie wiedergegeben). Statistisch gesehen können die Unterschiede in der Höhe der finanziellen Mittel, die in das Schulwesen fließen, rein gar nichts von den Unterschieden erklären, die sich bei den internationalen Schülerleistungen zeigen; im Durchschnitt schneiden Länder mit hohen Bildungsausgaben genauso ab wie Länder mit niedrigen Bildungsausgaben.

Im Durchschnitt schneiden Länder mit hohen Bildungsausgaben genauso ab wie Länder mit niedrigen Bildungsausgaben

» IRRTUM NR. 3:

Mehr Geld = bessere Schüler.

Dieses für eine auf Ausgabenerhöhungen fokussierte Bildungspolitik ernüchternde Bild ergab sich schon genauso bei früheren internationalen Schülertests wie etwa der 1995er TIMS-Studie der mathematischen und naturwissenschaftlichen Leistungen.[3]

Ergibt sich vielleicht ein anderes Bild, wenn wir uns die Veränderungen der Ausgaben über die Zeit innerhalb einzelner Länder anschauen? Eine Studie der Veränderungen von Ausgaben und Schülerleistungen hat gezeigt, dass sich die realen Bildungsausgaben pro Schüler in allen betrachteten OECD-Ländern zwischen Anfang der 1970er und Mitte der 1990er Jahre deutlich erhöht haben.[4] In Deutschland sind die Ausgaben pro Schüler in den betrachteten 25 Jahren im Durchschnitt jedes Jahr um fast drei Prozent gestiegen. Das ist sage und schreibe insgesamt mehr als eine Verdopplung der pro Schüler verfügbaren finanziellen Mittel!

Wie aber hat sich diese Ausgabenexplosion auf die von den Schülern erlernten Basiskompetenzen ausgewirkt? Zwar ist ein Leistungsvergleich über so einen langen Zeitraum nicht leicht, aber Analysen internationaler Vergleichstests von 1970 und 1995 legen nahe, dass sich an den Durchschnittsleistungen der Schüler in allen betrachteten Ländern nichts Wesentliches getan hat. Wenn doch, dann sind die Leistungen deutscher Schüler im Durchschnitt leicht gesunken. Neueste Berechnungen legen aber nahe, dass sich die durchschnittlichen Leistungen deutscher Schüler in Mathematik und Naturwissenschaften von Anfang der 1970er Jahre bis heute so gut wie gar nicht verändert haben![5] Immer mehr Geld pumpen wir also in unser Schulsystem hinein – nur um unseren Schülern immer weiter einen mittelmäßigen bis schlechten Unterricht angedeihen zu lassen. Mehr Input bei immer gleichem Output – das heißt, die Produktivität der Schulen sinkt. In jedem Fall haben die immensen Erhöhungen der Ausgaben über die Zeit in Deutschland und anderswo nicht zu einer Verbesserung der Schülerleistungen geführt.

Immer mehr Geld pumpen wir in unser Schulsystem hinein – nur um unseren Schülern immer weiter einen mittelmäßigen bis schlechten Unterricht angedeihen zu lassen

Die steigenden Ausgaben kommen in Deutschland wie auch in vielen anderen Ländern zu einem wesentlichen Teil der Verringerung des Schüler-Lehrer-Verhältnisses zugute. Während 1960 auf jeden Lehrer einer allgemeinbildenden Schule noch durchschnittlich etwa 27 Schüler kamen, sind es in jüngerer Zeit nur noch 16 Schüler. Auch wenn diese Daten immer mit etwas Vorsicht zu betrachten sind, so zeigen sie doch sicherlich einen klaren langfristigen Trend zur kleineren Klasse, der sich entgegen den Erwartungen jedoch nicht in nennenswert besseren Schülerleistungen widerspiegelt.

Liegt das Heil in kleineren Klassen?

Länder mit besseren Schülern wie Finnland und die Niederlande geben nicht wesentlich mehr für ihre Bildung aus als wir, und Ausgabensteigerungen haben nicht zu Leistungsverbesserungen geführt. Aber lernen Schüler in kleineren Klassen nicht trotzdem mehr? Seltsamerweise ist dies für Deutschland bisher kaum untersucht worden. In den USA gibt es dazu seit den 1960er Jahren Hunderte von empirischen Schätzungen, die sich mit dem Zusammenhang zwischen Testleistungen von Schülern und verschiedenen Ausstattungsmerkmalen der Schulen, insbesondere der Klassengröße, beschäftigen.[6] In der absoluten Mehrzahl kommen diese Studien zu dem immer gleichen Befund: Durch die Ressourcen, die eine Schule bereitstellt, insbesondere durch kleinere Klassen, lassen sich die Leistungen der Schüler nicht verbessern!

» IRRTUM NR. 4:

Kleinere Klassen = bessere Schüler.

Licht ins dunkle deutsche Klassenzimmer können vor allem die Daten des TIMSS-Tests von 1995 bringen, der nicht wie PISA die Leistung einzelner Schüler sondern auch komplette Klassen getestet hat. Diese zeigen zunächst, dass die durchschnittliche Klassengröße der deutschen Siebt- und Achtklässler knapp unter 25 Schülern liegt, wobei die kleinste getestete Klasse 10 Schüler, die größte 34 Schüler

3.2: Die Größe der Klasse hat keinen nennenswerten Einfluss auf die Schülerleistungen

Geschätzter Zusammenhang zwischen den Schülerleistungen im TIMSS-Mathematiktest und der spezifischen Klassengröße im Mathematikunterricht.

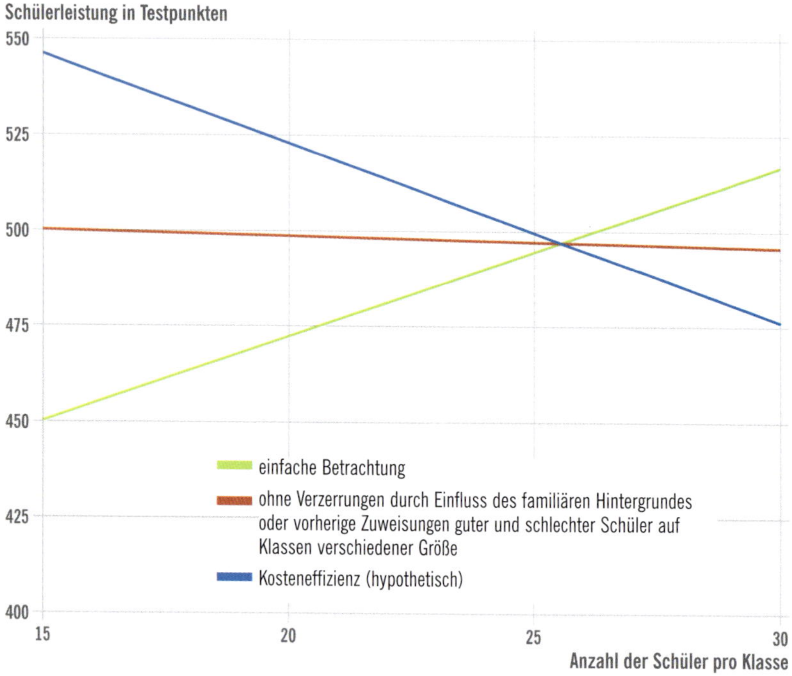

hat. Betrachtet man hier den einfachen Zusammenhang zwischen der jeweiligen Klassengröße und den Mathematikleistungen der Schüler in Deutschland, so ist dieser erstaunlicherweise positiv. Das heißt, dass die Schülerleistungen in größeren Klassen nicht schlechter, sondern sogar besser sind (vgl. die grüne Linie in Abbildung 3.2)!

Eine solche einfache Betrachtungsweise ignoriert natürlich, dass die Schülerleistungen sehr stark vom familiären Hintergrund und möglicherweise auch von der weiteren Ausstattung der Schulen beeinflusst werden. Wenn zum

Beispiel Kinder aus hochgebildeten Elternhäusern im Durchschnitt auf Schulen mit größeren Klassen gehen, so wird der Zusammenhang zwischen Klassengröße und Schülerleistung dadurch verfälscht. Deshalb muss man, um vergleichbare Ergebnisse zu bekommen, Einflüsse des familiären Hintergrunds herausrechnen. Macht man das, dann sind die Leistungen der Schüler in den großen Klassen zwar nicht mehr ganz so grandios. Aber sie sind immer noch besser als die der Schüler, die ihren Mathematikunterricht in kleinen Klassen erhalten.[7]

Wenn Kinder aus hochgebildeten Elternhäusern im Durchschnitt auf Schulen mit größeren Klassen gehen, so kann das Berechnungen zum Zusammenhang zwischen Klassengröße und Schülerleistung verfälschen

Größere Klasse – bessere Leistung?

Woher kommt dieser seltsame Befund, dass die Schülerleistungen in größeren Klassen im Durchschnitt besser sind? Wir haben nicht berücksichtigt, dass die Klassengröße nicht nur Ursache, sondern auch Folge der Schülerleistungen sein kann. In Deutschland zum Beispiel verhält es sich so, dass relativ leistungsschwache Schüler Hauptschulen besuchen, wo im Durchschnitt in etwas kleineren Klassen unterrichtet wird. Oder aber sie werden innerhalb einer Schule in kleineren Klassen zusammengefasst, von denen man sich bessere Förderung erhofft.

Auch die Entscheidungen der Eltern über ihren Wohnort und zu welcher Schule (mit welchen Klassengrößen) sie ihre Kinder schicken wollen, hängen mit den Leistungen der Schüler zusammen. Die Wohnort- und Schulwahlentscheidungen der Eltern, die systematische Aufteilung der Schüler auf Schulen und die Klassenaufteilung innerhalb von Schulen sind Beispiele dafür, wie eine einfache Schätzung von Klassengrößeneffekten mit konventionellen Methoden zu verzerrten Ergebnissen führen kann.

Nutzen wir die Launen der Natur!

Um dennoch herauszufinden, ob unsere Schüler in kleineren Klassen bessere Leistungen erbringen würden, muss also auch der Einfluss der Klassengrößen auf die Schülerleistungen herausgefiltert werden. Das heißt, es müssen eventuelle Verzerrungen durch Zuweisungen besserer oder schlechterer Schüler auf größere oder kleinere Klassen innerhalb einer Schule oder auch schulübergreifend bei der Analyse vermieden werden.[8]

Die Analyse ergibt, dass der Unterschied in den Mathematik-Leistungen zwischen Schülern in kleineren und in größeren Klassen so gering ist, dass es sich wohl um Zufall handelt

Das ist zum Beispiel im TIMSS-Datensatz möglich, indem man Schulen betrachtet, in denen einfach durch eine »Laune der Natur« zwei aufeinander folgende Jahrgänge verschieden stark sind. Dort sind also zufälligerweise aufgrund der jeweiligen Geburtenstärke im Einzugsbereich der Schule zum Beispiel die Klassen in der Jahrgangsstufe Sieben größer als in der Jahrgangsstufe Acht derselben Schule.[9]

Die Analyse ergibt, dass die Mathematik-Leistungen von Schülern in kleineren Klassen ganz geringfügig besser sind als in größeren Klassen, doch ist der Unterschied so gering, dass er wohl dem Zufall geschuldet ist (vgl. die rote Linie in Abbildung 3.2). Doch selbst wenn nicht, wäre der Nutzen (etwa in Bezug auf spätere Einkommenssteigerungen) so gering, dass er die Kosten zusätzlicher Lehrer in keiner Weise rechtfertigen würde. Einer US-amerikanischen Berechnung[10] zufolge müsste der Effekt der Klassengröße nämlich so groß sein wie bei der blauen Linie in Abbildung 3.2, damit der Nutzen die zusätzlichen Kosten zumindest aufwiegt.

Wie uns der Klassenteiler hilft

Dieses Ergebnis wird auch durch eine weitere Untersuchung gestützt, die sich eine Praxis zunutze macht, die sich der »Klassenteiler« nennt. Dahinter verbirgt sich die Regel, dass es vielerorts eine Obergrenze für die Zahl von Schülern in einer Klasse gibt – in Deutschland meist 30 Schüler.

Mit steigender Jahrgangsstufengröße steigt zunächst auch eins zu eins die Klassengröße – bis zu einem Wert von 30 Schülern. Sobald aber 31 Schüler in der Jahrgangsstufe sind, wird eine zweite Klasse aufgemacht, und die durchschnittliche Klassengröße sinkt abrupt auf 31/2 = 15,5 Schüler. Dann wächst sie wieder mit der Jahrgangsstufengröße, bis letztere einen Wert von 60 und die durchschnittliche Klassengröße damit wieder einen Wert von 30 erreicht hat. Bei einer Jahrgangsstufengröße von 61 Schülern wird eine dritte Klasse aufgemacht, so dass die durchschnittliche Klassengröße wieder abrupt abfällt, auf 61/3 = 20,3 Schüler, usw. So ergeben sich zunächst völlig unabhängig von den Schülerleistungen unterschiedliche Klassengrößen, deren Auswirkungen auf die Lernerfolge der Schüler man messen kann.[11]

Damit wird also im Prinzip betrachtet, ob Schüler, die aufgrund einer Jahrgangsstufengröße von 31 oder 61 in relativ kleinen Klassen von 15-21 Schülern unterrichtet werden, im TIMSS-Test besser abschneiden als Schüler, die aufgrund einer Jahrgangsstufengröße von 30 oder 60 in relativ großen Klassen von 30 Schülern unterrichtet werden.[12]

Die Auswirkung der Klassengröße auf die Schülerleistungen in der deutschen Mittelstufe erweist sich auch in dieser Analyse als unbedeutend. Und mit Gewissheit ist sie nicht so groß, dass der Nutzen einer Klassengrößenreduktion ihre Kosten aufwiegen würde.

Alle Untersuchungen sprechen dafür, dass die zusätzlichen Kosten für kleine Klassen weitgehend rausgeschmissenes Geld wären

Alle Untersuchungen sprechen also dagegen, dass eine Verkleinerung der Klassen zu einer Verbesserung der Schülerleistungen führen würde oder aber gar die Lösung der bundesdeutschen Schulmisere sein könnte. Sie sprechen dafür, dass die zusätzlichen Kosten für kleine Klassen weitgehend rausgeschmissenes Geld wären.

Gute Lehrer haben keine Probleme mit großen Klassen

In vergleichbarer Weise wurde auch für zahlreiche weitere Länder geschätzt, wie groß der Einfluss der Klassengröße auf die Leistung der Schüler ist.[13] Dabei zeigt sich, dass Deutschland kein Ausnahmefall ist: In fast allen Ländern sind die Effekte so klein, dass die Kosten den Nutzen bei weitem übersteigen. Ausnahmen sind lediglich Island und in geringerem Maße Griechenland. Warum ist das so? Warum lernen die Kinder in einigen Ländern in kleineren Klassen mehr und in anderen Ländern nicht? Worin unterscheiden sich Länder, in denen sich eine geringe Klassengröße positiv auf die Schülerleistungen auswirkt, von Ländern, in denen sich die Klassengröße nicht oder kaum auswirkt?

Beim Gehaltsniveau und Bildungsstand der Lehrer wird man fündig: Nur in Ländern mit einem relativ niedrigen Gehaltsniveau und relativ kurzer Ausbildung der Lehrer wirkt sich die Größe der Klassen auf die Leistung der Schüler aus. Ebenso ist der geschätzte Klassengrößeneffekt innerhalb von Ländern, in denen der Ausbildungsstand der Lehrer sehr unterschiedlich ist, in solchen Klassen größer, die von schlechter oder zumindest kürzer ausgebildeten Lehrern unterrichtet werden.

Fähige Lehrer kommen in großen Klassen genauso gut zurecht wie in kleinen Klassen

Sieht man die durchschnittlichen Gehalts- und Ausbildungsniveaus der Lehrer als Maße für die allgemeine Qualität der Lehrerschaft an, so legen diese Befunde die Interpretation nahe, dass relativ fähige Lehrer mit dem Unterricht in großen Klassen genauso gut zurechtkommen wie in kleinen Klassen. Darum hat bei ihnen die Größe keinen Einfluss auf die Schülerleistungen. Demgegenüber scheinen weniger fähige Lehrer mit dem Unterricht in großen Klassen überfordert, während sie in kleinen Klassen einigermaßen zurechtkommen. Kleinere Klassen führen also nur in den wenigsten Fällen zu besseren Schülerleistungen – und vor allem nur in Ländern mit niedrigen Lehrergehältern und kurzer Ausbildung der Lehrer. Dazu gehört Deutschland nicht. Was allerdings nicht bedeutet, dass Deutschlands Lehrer nicht besser werden könnten – dazu sind die Leistungen unserer Schulen zu schlecht. Unsere Lehrer bräuchten aber die richtigen Anreize.

Schulen ans Netz?

Neben den kleineren Klassen erhofft man sich auch vom Computer in letzter Zeit ein besseres Lernen. Die Forderung, alle »Schulen ans Netz« zu bringen, hört man in der öffentlichen Diskussion häufig, und in den politischen Bestrebungen zu ihrer Umsetzung werden erhebliche öffentliche wie private Finanzmittel eingesetzt. Gleichzeitig wenden viele Eltern eine Menge Geld auf, um ihren Kindern zu Hause die besten Computer und die neueste Lernsoftware bieten zu können – dies alles in der Hoffnung, die Bildungschancen des Nachwuchses zu verbessern.

Umfangreiche Analysen der internationalen PISA-Daten deuten aber darauf hin, dass auch diese Hoffnung weitgehend vergebens ist: Die Verfügbarkeit von Computern zu Hause und die intensive Nutzung von Computern in der Schule gehen nicht mit besseren, sondern zumeist sogar mit schlechteren Schülerleistungen in den PISA-Basiskompetenzen einher.[14] Damit zeigt sich wie schon bei der Verkleinerung der Klassengrößen, dass das Heil der deutschen Bildungspolitik wohl nicht in einer kostenintensiven Politik der Ressourcenausweitung für die Schulen zu suchen ist. Mit anderen Worten: Wir brauchen nicht mehr Geld für bessere Schulen, wir müssen es nur endlich anders einsetzen.

Die gute Nachricht: Wir brauchen nicht mehr Geld. Wir müssen es nur anders einsetzen!

Eigentlich eine gute Nachricht.

» IRRTUM NR. 5:

Tafel und Kreide sind von gestern, heute wird per Computer gelehrt und gelernt.

Wie schon erläutert, geht eine bessere Bildung für den Einzelnen meist mit einem höheren Einkommen einher. Dabei scheint es noch mehr als auf die Länge der Ausbildung auf ihre tatsächliche Qualität in Bezug auf die kognitiven Basiskompetenzen in Mathematik, Naturwissenschaften und Sprache anzukommen. Dass allerdings die reine Fähigkeit, Computer zu nutzen, auf dem Arbeitsmarkt Erträge abwirft, die nicht letztlich auf andere Fähigkeiten zurückzuführen sind, dafür hat man keine Anzeichen gefunden.[15] Da also für den späteren Erfolg das Erlernen von Basiskompetenzen weit wichtiger ist als das Erlernen der Fähigkeit, Computer zu nutzen, konzentrieren wir uns im Folgenden auf die Basiskompetenzen. Die bildungspolitisch relevante Frage zum Computereinsatz lautet damit: Können durch die verstärkte Verfügbarkeit und Nutzung von Computern zu Hause und in der Schule die kognitiven Basiskompetenzen der Schüler verbessert werden?

Können durch die verstärkte Verfügbarkeit und Nutzung von Computern zu Hause und in der Schule die wirklich relevanten Kompetenzen unserer Schüler verbessert werden?

Innerhalb Deutschlands bestehen durchaus große Unterschiede, sowohl in der Verfügbarkeit als auch in der Nutzung von Computern, sowohl zu Hause als auch in der Schule. So haben etwa 82 Prozent der in PISA 2000 getesteten deutschen 15-jährigen Schüler einen oder mehrere Computer im Haushalt zur Verfügung. Andererseits nutzen 46 Prozent der Schüler den häuslichen Computer so gut wie nie zum Recherchieren im Internet oder zum Senden von E-Mails. Immerhin aber geben nicht weniger als 65 Prozent der deutschen Schüler an, zu Hause Bildungssoftware zu haben.

An deutschen Schulen kommt bei PISA 2000 im Durchschnitt auf je 17 Schüler ein Personalcompute und auf je 43 Schüler ein Personalcomputer mit Internetzugang. Während nur zwölf Prozent der Schüler in der Schule niemals oder sehr selten einen Computer nutzen, nutzen 63 Prozent in der Schule so gut wie niemals das Internet. Die Zahlen belegen also, dass sich der Computereinsatz beim Lernen unter deutschen Schülern stark unterscheidet. Welchen Einfluss aber haben nun solche Unterschiede in Computerverfügbarkeit und Computernutzung auf die schulischen Leistungen?

Was können wir vom Computereinsatz erwarten?

In der Diskussion um den Computereinsatz beim Lernen gibt es sowohl Befürworter als auch Kritiker. Die Befürworter verbinden mit dem Einsatz von Computern zumeist die Hoffnung, dass das Lernen durch speziell auf die Fähigkeiten einzelner Schüler ausgerichtete Lernprogramme individualisiert werden kann. Diese Art des individualisierten Lernens soll die Schülerleistungen steigern und die Basiskompetenzen der Schüler erhöhen.[16]

Die Kritik am Computereinsatz beschreibt vor allem drei mögliche Gefahren. Eine Hauptsorge besteht darin, dass durch Computernutzung zu Lehrzwecken die Interaktion zwischen Lehrern und Schülern eingeschränkt und das kreative Denken von Schülern auf die Programmstruktur beschränkt bleibt und weniger stark gefördert wird als in alternativen Unterrichtsformen.[17]

Eine zweite Sorge ist, dass sowohl die ausgegebenen Finanzmittel für Computer als auch die vor dem Computer verbrachte Unterrichtszeit nicht gerade der effektivste Einsatzort für dieses Geld und diese Zeit sind. Muss aufgrund der Ausstattung einer Schule mit Computern an anderer Stelle, wie zum Beispiel bei der Anschaffung besserer Lehrbücher, gespart werden, die jedoch für die Schülerleistungen förderlicher gewesen wären, so hätte die Computerausstattung letztlich negative Folgen auf die Lernleistungen der Schüler. Genauso ist es denkbar, dass computerunterstützter Unterricht effektivere Unterrichtsformen verdrängt.

Prinz Charles: »Ich glaube einfach nicht, dass Leidenschaft für Lehrfächer oder Qualifikation kombiniert mit begeisterndem Unterricht durch computerbasierte Module ersetzt werden kann«

Eher zu Hause relevant ist die dritte Gefahr: das Ablenkungspotential durch Computerspiele.

Wie vielfältig die Meinungen über die Auswirkungen von Computern auf Schülerleistungen sind, wird beispielhaft an zwei Zitaten führender britischer Persönlichkeiten deutlich. Der damalige britische Schatzkanzler und heutige Premierminister Gordon Brown begründete seine Ankündigung im März 2005, zusätzlich zu den bereits ausgegebenen Mitteln in Höhe von 2,5 Milliarden Pfund weitere 1,5 Milliarden Pfund für Schulcomputer bereitzustellen, mit der Aussage: »Die Lehr- und Bildungsrevolution besteht nicht länger in Tafel und Kreide, sie besteht in Computern und elektronischen Whiteboards.«[18] Der britische Thronfolger Prinz Charles vertritt die entgegengesetzte Ansicht: »Ich glaube einfach nicht, dass Leidenschaft für Lehrfächer oder Qualifikation kombiniert mit begeisterndem Unterricht durch computerbasierte Module ersetzt werden kann, die einen unverhältnismäßigen Anteil der derzeitigen Praxis in Anspruch zu nehmen scheinen.«[19] Wer hat Recht?

Wir werden sehen.

Von Eltern und Computern

Die Schätzung der Auswirkungen von Computerbereitstellung und -nutzung auf Schülerleistungen wirft bei näherer Betrachtung einige methodische Probleme auf. Viele Studien betrachten lediglich den einfachen Zusammenhang zwischen Computern und Schülerleistungen. So berichtet etwa die offizielle Veröffentlichung der PISA-Ergebnisse durch die OECD[20], dass Schüler mit stärkerem Computerinteresse im PISA-Test besser abschneiden.

Ein ähnlicher positiver Zusammenhang zwischen der Verfügbarkeit von Computern zu Hause und den PISA-Schülerleistungen findet sich auch in der Analyse der internationalen Schülerdaten des PISA-2000-Tests, die meine Mitarbeiter und ich am ifo Institut durchgeführt haben. Wie aus dem ersten Balken in Abbildung 3.3 ersichtlich ist, schneiden Schüler, die in ihrem Haushalt einen Computer haben, im PISA-Mathematiktest im Durchschnitt knapp 23 Punkte besser ab als Schüler ohne Computer zu Hause. Schüler mit mehr als einem Computer zu Hause schneiden sogar knapp 30 Punkte besser ab.[21] Als Vergleichsmaßstab sei erwähnt,

3.3: Auswirkung von Computern im Haushalt der Schüler auf die PISA-Leistungen

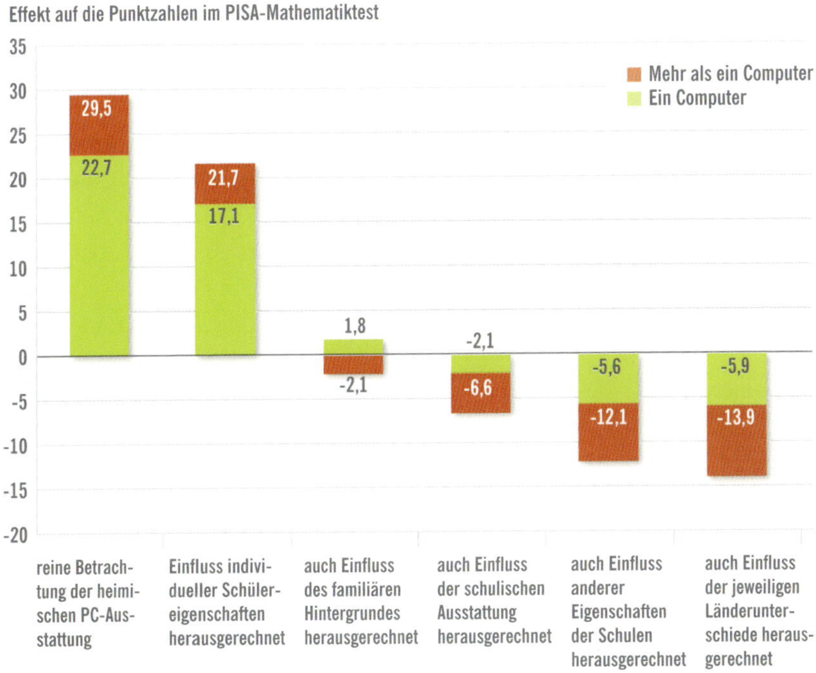

dass der durchschnittliche Leistungsunterschied zwischen Schülern der neunten und zehnten Klasse (den beiden größten Jahrgangsstufen im PISA-2000-Test) 30 Punkte beträgt. Der Leistungsvorsprung von Schülern mit mehreren Computern im Haushalt ist also fast so groß wie der Leistungsunterschied zwischen zwei benachbarten Jahrgangsstufen. So werden positive Auswirkungen von Computern auf die Schülerleistungen suggeriert. Was die Berechnung aber nicht berücksichtigt hat, ist beispielsweise der wirtschaftliche und soziale Hintergrund der Schüler und der Schulen.

Rechnet man verschiedene Charakteristika der getesteten Schüler und Schulen heraus, die die Analyse verfälschen könnten, dann sieht die schöne neue Computerwelt schon ganz anders und viel realistischer aus

Andere Analysen zeigen, dass Kinder aus wirtschaftlich bessergestellten Familien und Kinder mit einem besseren sozialen Hintergrund deutlich bessere PISA-Leistungen aufweisen. Wirtschaftlich und sozial bessergestellte Familien aber befinden sich auch häufiger im Besitz eines oder mehrerer Computer. So kann es sein, dass sich die Computernutzung lediglich indirekt über den familiären Hintergrund des jeweiligen Kindes auf die besseren Schulleistungen auswirkt. Rechnet man nun den sozioökonomischen Hintergrund des Kindes heraus und ebenso einige andere Charakteristika der getesteten Schüler und Schulen, die die Analyse verfälschen könnten, wie die sonstige Ressourcenausstattung und andere Eigenschaften der Schule, dann sieht die schöne neue Computerwelt schon ganz anders und viel realistischer aus ...[22]

Bessere Noten durch einen Computer zu Hause?

Der positive Zusammenhang zwischen der Verfügbarkeit von Computern zu Hause und den Schülerleistungen erweist sich also bei der zusätzlichen Berücksichtigung weiterer Einflussfaktoren als trügerisch. So wird, wie aus Abbildung 3.3 ersichtlich, der Zusammenhang schon schwächer, wenn man die

Einflüsse etwa von Geschlecht und Alter herausrechnet.[23] Nach Berücksichtigung auch zahlreicher Aspekte des familiären Hintergrunds wie des Bildungsstandes und des Berufs der Eltern wird der Zusammenhang zwischen Computern und PISA-Leistungen so klein, dass er keine Bedeutung mehr hat.

Und wenn schließlich auch noch die Einflüsse zahlreicher schulischer und häuslicher Inputs (wie die Verfügbarkeit von Lehrmaterialien, der Bildungsstand der Lehrer und die Unterrichtszeit), institutioneller Gegebenheiten (wie Prüfungssystem, Selbständigkeit der Schulen und private Schulträgerschaft) und schließlich alle sonstigen Länderunterschiede berücksichtigt werden, dann ergibt sich plötzlich ein gegenteiliges Bild: Die Leistungen von Schülern mit einem Computer zu Hause sind jetzt im Durchschnitt etwa sechs Punkte schlechter als die von Schülern ohne Computer zu Hause, und die von Schülern mit mehr als einem Computer zu Hause sogar etwa 14 Punkte schlechter! Dies entspricht fast der Hälfte des Leistungsunterschieds zwischen der neunten und zehnten Klasse in der PISA-Studie. Der so geschätzte Effekt verdeutlicht das negative Potential, das von der Verfügbarkeit von Computern zu Hause ausgehen kann. Offensichtlich werden diese nicht in erster Linie zum Erlernen von Basiskompetenzen, sondern für lernfremde Zwecke genutzt – eine Hypothese, die wahrscheinlich die Wenigsten verwundert.

Es wäre wohl naiv zu glauben, dass ein Computer zu Hause in erster Linie für das Erlernen kognitiver Basiskompetenzen genutzt würde

Dieses Ergebnis verdeutlicht, wie irreführend einfache Betrachtungen sein können – selbst wenn wir sie in hochqualitativen Dokumenten wie den offiziellen PISA-Veröffentlichungen der OECD finden. Wenn man ausschließlich die deutschen PISA-Daten betrachtet – im Unterschied zu den in Abbildung 3.3 illustrierten Ergebnissen, die auf dem gesamten internationalen PISA-Datensatz beruhen –, ergibt sich ein ähnliches Bild. Zwar sind die Ergebnisse zumeist weniger präzise, da weniger Beobachtungen genutzt werden, aber das Ergebnis ist in der Aussage das gleiche.

Lernprogramme oder Computerspiele?

Will man in Erfahrung bringen, wie sich Computer auf Schülerleistungen auswirken, sollte nicht nur ihre Verfügbarkeit analysiert werden, sondern auch, wofür sie gebraucht werden. Die bisherigen Ergebnisse legen nahe, dass Schüler Computer zu Hause für Anwendungen nutzen, die einen negativen Einfluss auf ihre Leistungen haben. Diese Annahme wird durch verschiedene Erhebungen anhand von Fragebögen unterstützt. Vor allem eines tun Schüler zu Hause mit ihren Computern: spielen.[24] Und das geht oft auf Kosten der Hausaufgaben oder sonstiger lernfördernder Betätigungen.

Dennoch bleibt es interessant, wie effektiv der Computer im Optimalfall eingesetzt werden könnte. Bei der entsprechenden Analyse hat sich gezeigt, dass sich eine häufige Nutzung des Computers für Internetrecherche und E-Mail-Kommunikation, die Nutzung von Lernsoftware und ein zu Hause vorhandener Internetzugang positiv auf die Schulleistungen auswirken. Die Möglichkeit, dass der Schüler sich durch Computerspiele vom Lernen ablenkt, wird von diesen lernfördernden Zwecken des Geräts teilweise kompensiert, aber eben nur teilweise: Insgesamt bleibt zumeist immer noch eine Leistungseinbuße. Nur im absoluten Idealfall, in dem nicht mehr als ein Computer verfügbar ist und alle genannten positiven Nutzungsarten zusammen auftreten, kann überhaupt ein schwach positiver Effekt von vier PISA-Punkten entstehen. Im schlimmsten Fall, in dem keine der positiven Nutzungsarten vorliegen, summiert sich der negative Effekt hingegen auf ganze 24 PISA-Punkte.

Wollen die Eltern die Schulleistungen ihres Nachwuchses fördern, müssen sie dringend darauf achten, was dieser mit dem Computer anstellt

Wenn Computer also lediglich zum Spielen eingesetzt werden, besitzen sie ein hohes Ablenkungspotential und können Hausaufgaben und Lerneifer beeinträchtigen – die Schulleistungen sinken beträchtlich. Achten allerdings die Eltern und Schüler darauf, dass der Computer in erster Linie nicht zum Spielen, sondern für lernfördernde Tätigkeiten wie Internetrecherche oder den Umgang mit Lernsoftware genutzt wird, kann er im besten Fall die Schulleistungen etwas verbessern. Wollen die Eltern also die Schulleistungen ihres Nachwuchses fördern, müssen sie dringend darauf achten, was dieser mit dem Computer anstellt.

Computermangel in den Schulen?

Mindestens ebenso viel wie über die Computernutzung zu Hause wird über Computer in der Schule diskutiert. Beim PISA-Test gaben die Schulleiter der getesteten Schulen an, in welchem Grade das Lernen an ihrer Schule durch den Mangel an Computern für den Unterricht behindert wird. Der einfache Zusammenhang zwischen den PISA-Leistungen der Schüler einer bestimmten Schule und der Ausstattung letzterer mit Computern suggeriert wieder, dass ein Mangel in Sachen Computer schlimme Auswirkungen auf die Lernerfolge der Schützlinge hat: Über 40 Punkte Abzug gibt es statistisch für Schüler an einer Schule mit zu wenig Computern, was den Leistungsunterschied einer ganzen Jahrgangsstufe deutlich überschreiten würde.

Doch wie schon im Fall der Verfügbarkeit von Computern zu Hause zeigt sich auch hier, dass die Ergebnisse dieser einfachen Analyse trügerisch sind und einer differenzierteren Untersuchung nicht standhalten. Rechnet man wiederum den Einfluss des sozialen Hintergrundes der Schüler heraus, ebenso wie bestimmte Eigenschaften der Schüler selbst und die Einflüsse der sonstigen Ressourcenausstattung der jeweiligen Schulen, so zeigt sich überhaupt kein Zusammenhang mehr zwischen der Computerausstattung einer Schule und den PISA-Leistungen der Schüler. Das gleiche Ergebnis ergibt sich übrigens auch, wenn anstelle des internationalen Datensatzes nur die deutschen PISA-

Daten betrachtet werden, und wenn man statt des von den Schulleitern berichteten Computermangels die tatsächliche Anzahl der pro Schüler in der Schule verfügbaren Computer betrachtet.

Gefährlich leicht führen eindimensionale Untersuchungen zu Fehlschlüssen, die den Steuerzahler horrende Summen kosten und beim nächsten Schülerleistungstest dann zu großer Enttäuschung führen

Dieses Ergebnis verdeutlicht ein weiteres Mal die Notwendigkeit sehr differenzierter Analysen. Gefährlich leicht führen eindimensionale Untersuchungen zu Fehlschlüssen, die den Steuerzahler horrende Summen kosten und beim nächsten Schülerleistungstest dann zu großer Enttäuschung führen. In den letzten Jahren haben wir in Deutschland zig Millionen Euro in die Ausstattung der Schulen mit Computern und Software investiert – aufgrund von einseitigen Analysen wie der hier kritisierten und ohne zu wissen, wie wir die elektronischen Lehrer so einsetzen können, dass sie die Leistungen unserer Schüler verbessern.

Zu viel des Guten

Die Frage ist also, wie intensiv Computer im Unterricht genutzt werden sollten, damit sie unseren Schülern Gewinn bringen. Auswirkungen des Computereinsatzes als Unterrichtsmittel wurden in verschiedenen Studien bereits analysiert, mit dem Ergebnis tendenziell negativer Effekte einer intensiven Computernutzung für Unterrichtszwecke.[25]

Betrachten wir hier wiederum den Zusammenhang zwischen Computernutzung und Schülerleistungen im PISA-Datensatz, der Informationen sowohl über die Nutzungsintensität der Computer als auch über die Nutzungsintensität des Internets liefert. Die Ergebnisse einer differenzierten Analyse dieser Daten, die wie zuvor die Eigenschaften der Schüler, des familiären Hintergrunds, der Schule und jegliche Länderunterschiede sowie die Computerausstattung der Schulen herausrechnet, sagen uns Folgendes: Werden Computer oder das Internet niemals oder sehr sel-

3.4: Eine allzu intensive Nutzung von Computern in der Schule schadet dem Lernen

Leistungsunterschied im Verhältnis zur niedrigsten Ergebniskategorie, unter Herausrechnung zahlreicher weiterer Einflussfaktoren.

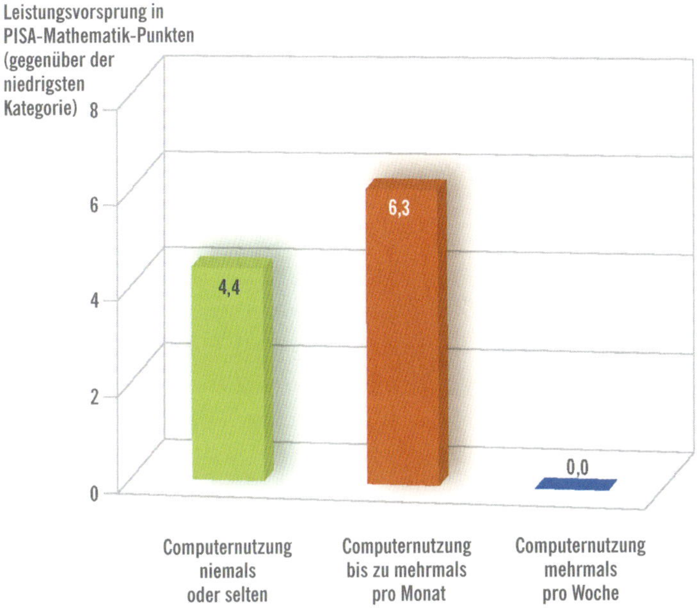

ten im Unterricht genutzt, dann sind die Schülerleistungen etwas schlechter im Vergleich zu einem Unterricht, in dem mittelmäßig oft (von einigen Malen im Jahr bis zu mehrmals pro Monat) Computer eingesetzt werden. Erhöht sich die Nutzungsintensität von Computern oder Internet jedoch auf mehrmals pro Woche, so nehmen die Schülerleistungen wieder ab und fallen sogar unter die Leistungen der Schüler, die niemals oder nur sehr selten Computer oder Internet in der Schule nutzen.

Eine mittelmäßig häufige Nutzung des Computers im Unterricht scheint optimal zu sein

Moderate Computer- und Internetnutzung zu Unterrichtszwecken mag also durch individuelle Trainingseffekte durchaus einen positiven Einfluss auf die Lernerfolge haben. Eine mittelmäßig häufige Nutzung scheint demnach optimal zu sein. Benutzt man Computer und Internet häufiger, besteht die Gefahr, dass alternative Unterrichtsformen wie der klassische tafelbasierte Unterricht, die möglicherweise wirkungsvoller sind, verdrängt und dadurch die Leistungen der Schüler schlechter werden.

Alternativ wäre es aber auch möglich, dass wiederum die gute oder schlechte Leistung der Schüler am Anfang stand und daraufhin die seltene oder häufige Nutzung der Computer folgte. Es ist durchaus denkbar, dass Lehrer Computer und Internet nur dann in ihrem Unterricht einsetzen, wenn sie die Klasse für befähigt halten, damit umzugehen. Sind sie der Meinung, ihre Klasse komme damit ohnehin nicht klar, setzen sie Computer und Internet erst gar nicht ein. Dies könnte die schwachen Leistungen von Schülern, die so gut wie niemals Computer oder Internet nutzen, erklären: Sie wären nicht auf den fehlenden Computereinsatz zurückzuführen, sondern im Gegenteil darauf, dass man ihnen den Umgang mit den Geräten nicht zutraut. Im Gegensatz dazu könnte der Leistungsabfall der Schüler, die Computer und Internet mehrmals pro Woche nutzen, einen tatsächlichen Effekt einer hohen Nutzungsintensität widerspiegeln – dafür sprechen auch die Ergebnisse der zuvor dargestellten Untersuchungen. Bei einer Beschränkung der Analyse auf den deutschen PISA-Datensatz ergibt sich im Falle der Internetnutzung genau dieses Bild einer systematisch mit zunehmender Nutzung sinkenden Schülerleistung: Die Leistungen der Schüler mit sehr seltener Internetnutzung sind sogar besser als die bei mittlerer Nutzungsintensität, und die Leistungen bei intensiver Internetnutzung sind schlechter.

Bevor man immer mehr Schulen mit immer mehr Computern ausstattet, sollte man erst einmal herausfinden, wie diese überhaupt effektiv im Unterricht zum Einsatz gebracht werden können

Ob die verstärkte Nutzung von Computern und Internet im Unterricht also unsere Schüler auf Vordermann bringen könnte, ist jedenfalls fraglich, das zeigen diese Ergebnisse. Sie besagen nicht, dass der Einsatz von Computern an Schulen prinzipiell kein positives Potential für die Schülerleistungen hat. Sie verdeutlichen allerdings, dass dieses Potential beim bisherigen Einsatz in der Schule nicht ausgeschöpft wurde. Im Gegenteil scheint die Computernutzung zu Lehrzwecken andere effektivere Unterrichtsformen verdrängt zu haben. Bevor man also immer mehr Schulen mit immer mehr Computern ausstattet, sollte man erst einmal herausfinden, wie diese überhaupt effektiv im Unterricht zum Einsatz gebracht werden können. Der großflächige Einsatz von Computern an den Schulen könnte sich letztendlich als Pyrrhussieg für seine Befürworter erweisen, der den Steuerzahler viel Geld kostet, das für andere Zwecke besser eingesetzt werden könnte. Unsere Schüler wären wieder die Verlierer.

Von Mythen zu Fakten: Fehlt es vor allem am Geld?

Es gibt also keinen Beweis dafür, dass höhere Bildungsausgaben, etwa für kleinere Klassen oder mehr Computer, im Durchschnitt und automatisch zu besserem schulischem Lernen führen würden.

Aus ökonomischer Sicht – und die ist bei den Milliardensummen, um die es hier geht, unumgänglich – ist darüber hinaus klar: Eine pauschale Verkleinerung der Klassen wäre eine grobe Fehlentscheidung. Denn die in der Realität beobachtbaren Effekte kleinerer Klassen auf die Lernerfolge der Schüler sind so verschwindend gering, dass der Nutzen den Kosten in keiner Weise angemessen wäre. Dies sagt nichts darüber aus, ob die Einstellung zusätzlicher Lehrer mit dem Ziel, Unterrichtsausfall zu verringern, nicht vielleicht ein sinnvolles bildungspolitisches Instrument sein könnte (worüber wir wiederum wenig wissen). Aber damit,

Die fünf zentralen Befunde:

1. Länder, die in den internationalen Schülervergleichstests besser abschneiden, geben nicht systematisch **mehr Geld** für ihre Bildung aus und haben auch keine systematisch kleineren Schulklassen.
2. **Ausgabensteigerungen** im Schulsystem haben nicht zu nennenswerten Verbesserungen in den durchschnittlich erzielten Schülerleistungen geführt.
3. Kleinere **Klassengrößen** führen im Durchschnitt nicht zu deutlich besseren Schülerleistungen.
4. Schüler mit einem **zu Hause verfügbaren Computer** schneiden bei PISA im Durchschnitt schlechter ab als ansonsten vergleichbare Schüler ohne Computer zu Hause – es sei denn, er wird hauptsächlich für Lernsoftware und Internetrecherche genutzt.
5. Schüler an **Schulen mit Computermangel** schneiden bei PISA im Durchschnitt genauso gut ab wie vergleichbare Schüler an Schulen ohne Computermangel. Eine mäßige Computer- und Internetnutzung geht mit den besten Ergebnissen einher, eine allzu intensive Nutzung mehrmals pro Woche mit schlechteren.

dass die erlernten Basiskompetenzen durch eine Verkleinerung der Klassen verbessert werden könnten, kann die Einstellung zusätzlicher Lehrer nicht begründet werden. Allerdings mag es andere Interessen geben, die für Verkleinerungen der Klassen sprechen – aufseiten der Lehrer. In deren Interesse mag es natürlich durchaus stehen, in kleineren Klassen zu unterrichten: Als Lehrender an der Universität kann ich aus eigener Erfahrung sagen, dass Unterricht in kleineren Gruppen zumeist mehr Spaß macht, ganz zu schweigen davon, dass man unvergleichlich viel weniger Korrekturaufwand bei Tests und Klausuren hat, wenn man fünf statt 500 Studenten unterrichtet! Ob dieses Interesse von Lehrerseite aber die immensen Kosten kleinerer Klassen rechtfertigen kann, sei hier dahingestellt ...

Es steht natürlich im Interesse der Lehrer, in kleineren Klassen zu unterrichten – ob das allerdings die immensen Kosten kleinerer Klassen rechtfertigen kann ...

Warum wohl haben kleinere Klassen so gut wie keinen Einfluss auf die schulischen Leistungen? Mag sein, dass wir in den entwickelten Ländern einfach auf einem Niveau angekommen sind, auf dem Verkleinerungen nur noch unwesentliche Verbesserungen bringen. Mag sein, dass Schüler immer auch genügend Mitschüler in ihrer Klasse benötigen, mit denen sie sich austauschen und von denen sie lernen können. Vor allem aber könnte es daran liegen, dass den Lehrern einfach die Anreize fehlen, das Potential kleinerer Klassen auch wirklich für einen besseren Unterricht zu nutzen. Diesbezüglich sind die Befunde der Erziehungswissenschaftlerin Grit im Brahm[26] erhellend, die kürzlich gezeigt hat, dass Lehrer in kleinen Klassen ihren Unterrichtsstil nur unwesentlich verändern. Gleichzeitig fand sie heraus, dass eine größere Schülerzahl ein besseres Klassenmanagement zu erzwingen scheint, so dass Schüler in großen Klassen sogar disziplinierter arbeiten als in kleinen.

Zum Computer in der Schule sei hier der langjährige »Titanic«-Kolumnist Max Goldt zitiert:[27]

> Schulen nicht unbedingt ans Netz
> ... Politiker und Laien-Zukunftspäpste fordern, dass in den Schulen für jeden Schüler ein Internetzugang bereitzustehen habe. Wenn dies nicht im Handumdrehen geschehe, dann habe Deutschland binnen kurzem international abgekackt. Es werde von der Landkarte der relevanten und visionären Nationen binnen Jahrzehntfrist getilgt werden. Bundeskanzler Schröder und all die vielen, vielen, vielen anderen Menschen ... vertreten die Ansicht, dass der Umgang mit dem Internet eine Kulturtechnik sei, genauso wichtig wie Lesen und Schreiben.
> ... Die Schwierigkeit, ins Internet einzusteigen, liegt irgendwo zwischen dem Binden eines Windsorknotens und dem Erlernen von Standardtänzen. Ein noch besserer Vergleich ist das Autofahren. Das kann man auch nicht von Natur aus, aber in kurzer Zeit lernt

> es fast ein jeder ... Für viele Jobs ist ein Führerschein genauso Grundvoraussetzung wie für andere EDV-Kenntnisse. Würde man aber deshalb das Steuern eines PKWs als eine essentielle Kulturtechnik bezeichnen und die Schulen damit beauftragen, diese Technik zu vermitteln? Würde man nicht. Autofahren, Krawatten binden und Internet sollen die Menschen bitte in ihrer Freizeit erlernen. Für die Vermittlung von Grundkenntnissen in diesen Bereichen sind die allgemeinbildenden Schulen zu schade ...

Auch wenn ich als Wissenschaftler einen etwas anderen Sprachgebrauch als der Satiriker an den Tag lege(n muss), so denke ich doch, dass unsere ökonometrischen Befunde die hier vertretene schulcomputerkritische Sicht in wichtigen Punkten durchaus bestätigen. Computer können das Erlernen relevanter Bildungsinhalte behindern. Denn zumeist werden sie – gerade zu Hause – eben nicht zu Lernzwecken, sondern hauptsächlich zur Beschäftigung mit Computerspielen eingesetzt. So geben drei Viertel der deutschen Jungen an, den heimischen Computer häufig für Computerspiele zu nutzen – ein erhebliches, lernschädliches Ablenkungspotential.

Mit dieser Erkenntnis stehen die Ökonomen alles andere als alleine da. Auch Erziehungswissenschaftler weisen darauf hin, dass das stark ausgeprägte Interesse deutscher Jugendlicher an Computern vor allem auf die intensive Nutzung von Computerspielen zurückzuführen ist. Dabei weisen Kriminologen darauf hin, dass ein Computer im Kinderzimmer den Konsum von Computerspielen, die wegen ihrer Brutalität als jugendgefährdend eingestuft werden, deutlich erhöht. Und neurowissenschaftliche Untersuchungen haben nachgewiesen, dass der Konsum von Computerspielen langfristig abstumpft und die Gewaltbereitschaft erhöht.[28]

Trotz dieser bedenklichen Ergebnisse besteht kein Grund, den Computereinsatz generell zu verteufeln. Denn vor allem belegen die Forschungsergebnisse, dass es ganz entscheidend darauf ankommt, wie der Computer genutzt wird. Auch wenn methodisch saubere Untersuchungen belegen, dass die Computernutzung im Durchschnitt nicht mit besseren Schülerleistungen einhergeht, kann er doch sicherlich oft auch motivierend wirken. Insbesondere für Jugendliche, die die selbst gesteuerte Nutzung von Computern besonders motiviert, ist es etwa denkbar, dass der Umgang mit dem Computer die allgemeinen Fähigkeiten zum Lösen von Problemsituationen schult. Fraglos ist die Fähigkeit des Umgangs mit Computern in der heutigen Lebens- und Arbeitswelt in vielerlei Hinsicht von großer Bedeutung. Gerade die von PISA erhobenen Daten zu Computerzugang und -nutzung belegen aber, dass die deutschen 15-Jährigen beim Umgang mit modernen Informations- und Kommunikationstechnologien auch im internationalen Vergleich durchaus mithalten können. Nur: Mit einer Verbesserung der in PISA gemessenen Basiskompetenzen, die sich ja als so ungemein wichtig erwiesen haben, lässt sich ein Loblied auf das frühe Erlernen von Computerfähigkeiten nicht begründen. Diese Erkenntnis ist kein Ausdruck von Technologiefeindlichkeit, sondern nur von einem Realismus, der positive Wirkungen von Computern nicht auch noch in Bereichen sucht, in denen nicht alle Knabenmorgenblütenträume reifen.

Die von PISA erhobenen Daten zu Computerzugang und -nutzung belegen, dass die deutschen 15-Jährigen beim Umgang mit modernen Informations- und Kommunikationstechnologien auch im internationalen Vergleich durchaus mithalten können

Natürlich gibt es viele, denen solche Ergebnisse nicht passen und die diese (natürlich ohne Bezugnahme auf die Fakten ...) kritisieren – als Beispiel sei das Berliner Institut für Bildung in der Informationsgesellschaft (IBI) genannt.[29] Zu dessen Kritik ein Beitrag von Jürgen Kaube[30] aus der Frankfurter Allgemeinen Sonntagszeitung:

> Diese Ergebnisse haben dem Berliner ›Institut für Bildung in der Informationsgesellschaft‹ (IBI), das sich mit Bildungssoftware, Medienkompetenz und ›E-Learning‹ befasst, nicht gefallen. Seine Argumentation kann als typisch zitiert werden: Zu den hohen Kosten einer Computerausstattung gebe es für die Schulen ›unter einem Gesichtspunkt keine Alternative‹ – der Zugang zu weltweit

vorhandenem Wissen sei durch das Internet ›immer einfacher, jedoch auch notwendiger beziehungsweise selbstverständlicher geworden‹. Den Schülern müsse beigebracht werden, wie man im Internet das Wichtige vom Unwichtigen und das Wahre vom Falschen unterscheiden könne.

Aber ebendas – Quellenkritik, Lesen, Nachdenken – lern man ja nicht im Internet, sondern nur durch Fachwissen. Dass es zum Beispiel bei den Forschungen von Forschungsinstituten sinnvoll ist, auf ihre Auftraggeberliste zu schauen – auf der beim IBI beispielsweise Microsoft, Siemens sowie diverse Landeskultusministerien stehen –, lässt sich nicht dem Internet entnehmen, sondern nur dem allgemeinen Menschenverstand.

Ganz anders als die IBI-Reaktion der Tenor des Feedbacks von www.schulen-ans-netz.de: Hier geht man konstruktiv auf unsere Befunde ein, konzediert, »Fuchs und Wößmann haben recht« und spricht von einer »methodisch fundierten Analyse«.[31] Interessant, von welcher Seite man manchmal Zustimmung bekommt – auch wenn die Auswirkungen im politischen Meinungsstreit bislang zu gering bleiben.

Natürlich sollen und können unsere Befunde nicht heißen, dass ein Computereinsatz in der Schule nicht etwa die Computerfähigkeiten der Schüler steigern könnte. Aber wie zuvor schon erwähnt deuten arbeitsmarktökonomische Forschungsergebnisse darauf hin, dass es weniger die Computerfähigkeiten als vielmehr die allgemeinen Basiskompetenzen sind, die sich am Arbeitsmarkt als wertvoll erweisen. Dazu noch mal Max Goldt:

Das Internet ist eine sehr praktische Angelegenheit. Diejenigen, die es beruflich nutzen, zur wissenschaftlichen Arbeit oder für Recherchen, werden kaum mehr darauf verzichten wollen.

Wer eine gute Allgemeinbildung hat, sich auch in Fremdsprachen gut ausdrücken kann, der wird mit dem Internet keine Schwierigkeiten haben. Wer nichts weiß und schlecht spricht, wird kaum in die Verlegenheit kommen, im Berufsleben seine Internet-Kenntnisse unter Beweis zu stellen.

Bedeuten nun all diese Befunde zu den dürftigen Lerneffekten höherer Bildungsausgaben, kleinerer Klassen und zusätzlicher Computer, dass Lehrer und Schulen für den Bildungserfolg gar nicht relevant sind?

Weit gefehlt! So konnte etwa ein Team von US-Forschern[32] einen außergewöhnlich umfangreichen Datensatz über die jährliche Entwicklung der schulischen Leistungen aller texanischen Schüler über viele Jahre nutzen, um deren Leistungszuwachs von Schuljahr zu Schuljahr zu verfolgen. Dabei konnten sie zeigen, dass unterschiedliche Schulen und auch unterschiedliche Lehrer innerhalb derselben Schule ein und demselben Schüler ganz unterschiedlich viel zusätzliches Wissen beibrachten. Es gibt also durchaus große Unterschiede im Bildungserfolg verschiedener Schulen und Lehrer. Nur lassen sich diese Unterschiede in der Qualität der Lehre so gut wie nicht auf messbare Eigenschaften der jeweiligen Lehrer wie etwa deren Bildungsstand und Lehrerfahrung zurückführen.[33] Der Befund deutet darauf hin, dass es einerseits sehr fähiges Lehrpersonal gibt, das den Schülern viel beibringt, und andererseits auch schlechte Lehrer, bei denen die Schüler sehr wenig lernen. Das ist natürlich eine Binsenweisheit, die fast jeder aus eigener Erfahrung bestätigen kann. Leider bietet sie aber, da der gute Lehrer und die gute Schule sich nicht an leicht messbaren Merkmalen festmachen lässt, keinen einfachen Ansatzpunkt für die Schulpolitik. Aber sie verweist darauf, dass die Diskussion über Lehrerqualität und -ausbildung noch einmal ganz neu geführt werden muss – weil nämlich die Lehrerqualität daran gemessen werden muss, was die Lehrer den Schülern wirklich beibringen.

Der Befund deutet darauf hin, dass es einerseits sehr fähiges Lehrpersonal gibt, das den Schülern viel beibringt, und andererseits auch schlechte Lehrer, bei denen die Schüler sehr wenig lernen – das ist natürlich eine Binsenweisheit, die fast jeder aus eigener Erfahrung bestätigen kann

In Deutschland sind wir von einer so ergiebigen Datenlage, wie sie der genannten texanischen Studie zugrunde liegt, leider weit entfernt – sehr zum Nachteil für tiefergehende Forschungen zum schulischen Wohl unserer Kinder.

4. Wie bessere Leistungen zu schaffen sind

»Die Einführung des Zentralabiturs taugt nicht zur Lösung der tatsächlichen Probleme an unseren Schulen.«

URSULA DÖRGER

(Stellv. Vorsitzende der Arbeitsgemeinschaft für Bildung in der SPD)

»Wir brauchen die Selbstständige Schule, die genauso eigenverantwortlich über Personal- und Finanzfragen entscheiden kann wie über ihre pädagogischen Konzepte. Im Gegenzug muss jede Schule über ihre Arbeit Transparenz herstellen. Maßstab sind dabei die … bundesweiten Leistungsstandards.«

GEMEINSAME ERKLÄRUNG VON ARBEITGEBERVERBAND UND GEWERKSCHAFTSBUND (2005)

Im letzten Kapitel haben wir festgestellt: Mehr Geld für Bildung ist zuwenig. Zusätzliche materielle Ressourcen wie mehr Computer oder mehr Lehrer steigern die Schülerleistungen kaum oder gar nicht, höhere Bildungsausgaben sind keine Qualitätsgarantie. Kann die Bildungspolitik die Schülerleistungen also gar nicht verbessern?

Doch! Aber da die altbekannten Rezepte nicht wirken, müssen wir umdenken und tiefer ansetzen. Ohne institutionelle Reformen des Schulsystems kommen wir nicht weiter. Denn eine plausible Erklärung dafür, dass zusätzliche Ressourcen die Schülerleistung kaum beeinflussen, besteht darin, dass im derzeitigen Schulsystem die Anreize fehlen, sie gezielt zur Leistungssteigerung einzusetzen. Das muss sich ändern – wir brauchen ein Schulsystem, das Lehrer wie Schüler direkt herausfordert, ihr Bestes zu geben.

Ohne institutionelle Reformen des Schulsystems kommen wir nicht weiter

Auch etwa die Wirtschaftsweisen[1] haben der institutionellen Struktur des deutschen Bildungssystems »kein gutes Zeugnis« ausgestellt. Umso mehr sollte es für die deutschen Schulen, für Politiker, Lehrer und Eltern von Interesse sein, dass sich die bildungsökonomische Forschung in den letzten Jahren der Untersuchung institutioneller Reformen zugewendet hat, die bessere Leistungen für alle zum Ziel haben.

Letztlich geht es bei jeder Reform um Effizienz. In diesem Fall heißt das: Wie viel erlernte Basiskompetenzen der Schüler erhalten wir pro im Schulsystem eingesetztem Euro? Viele Erziehungswissenschaftler, auch viele Politiker, Lehrer und Eltern sträuben sich gegen die Ansicht, dass der Effizienzgedanke im Bildungsbereich überhaupt eine Rolle spielen sollte. Nähert man sich einem gesellschaftlichen Problem mit ökonomischen Methoden oder Überlegungen, ruft man immer schnell Vorurteile auf den Plan, das sei kalt und unmenschlich, kapitalistisch im negativen Sinne und vor allem unsozial.

In Wirklichkeit aber würden alle profitieren:

- Die Schüler, die insgesamt besser ausgebildet werden sollen.
- Gerade auch die benachteiligten Schüler, deren Talente nicht länger verschwendet werden dürfen.
- Die Lehrer, deren Engagement nicht weiter verpuffen darf, sondern endlich größere Früchte tragen soll.

- Die Eltern, deren Sorge um die Zukunft ihrer Kinder berechtigt und sehr ernst zu nehmen ist.
- Der Staat und der Steuerzahler, der sein Geld nicht mehr zum Fenster herauswerfen will.

Alle würden von einer effizienten Reform profitieren

Die pädagogischen Kritiker des ökonomischen Ansatzes fordern zum Beispiel, dass man, statt an die Kosten zu denken, den schwächsten Schülern mehr Aufmerksamkeit widmen sollte. Aber auch dabei geht es ja um Effizienz: Wenn wir bei gegebenem Einsatz von Geldmitteln, Lehrern und Unterrichtsmaterial den schwächsten Schülern mehr Kompetenzen vermitteln wollen, muss das doch auch im Sinne dieser Kritiker sein. Eine Steigerung der Effizienz kann auch im Bildungssystem nur gut sein, denn wir erhalten dadurch bessere Bildung für dasselbe Geld.

Bessere Ergebnisse gibt es nur durch Anreize

Der amerikanische Wirtschaftswissenschaftler Steven Landsburg hat es auf den Punkt gebracht: »Der Großteil der Ökonomik kann in vier Worten zusammengefasst werden: Menschen reagieren auf Anreize. Der Rest ist Kommentar.« Diejenigen institutionellen Rahmenbedingungen versprechen aber den größten Erfolg, die für alle Beteiligten Anreize schaffen, die Lernleistungen der Schüler zu erhöhen. Unter institutionellen Rahmenbedingungen sind alle Regeln und Regulierungen des Schulsystems zu verstehen, die explizite oder implizite Belohnungen und Sanktionen für unterschiedliches Verhalten der Beteiligten erzeugen. Konkret sind das etwa interne und externe Prüfungen für die Schüler, Regelungen zum Gehalt für die Lehrer oder die Zuteilung von Geldmitteln an die Schulen. Aus dem anreizorientierten Denken ergibt sich bezogen auf die Schule also folgende Logik: Wenn leistungsförderndes Engagement zu positiven Konsequenzen, zu guten Noten, einem hohen Gehalt und mehr Geld für die Ausstattung der Schule führt, und leistungshemmendes Verhalten zu negativen Konsequenzen, dann ist zu erwarten, dass das Schulsystem hervorragende Schülerleistungen hervorbringt. Wenn aber leistungshemmendes Verhalten die gleichen Konsequenzen nach sich zieht wie leistungsförderndes Verhalten, dann ist kaum zu erwarten, dass die Beteiligten sich besonders anstrengen, um die Lernerfolge der Schüler zu verbessern. Letztlich geht es also darum, dass alle am Bildungsprozess beteiligten Personengruppen – Schüler, Lehrer, Schulleiter, Behörden, Eltern – für ihr Verhalten verantwortlich gemacht werden.

» IRRTUM NR. 6:

Durch Appelle an Moral und Ideale von Schulleitern, Lehrern und Eltern lässt sich die Schule verbessern.

Wenn wir wirklich bessere Ergebnisse für alle Kinder wollen, dann reichen regelmäßige moralische Appelle etwa an die Motivation der Lehrer nicht aus. Das heißt natürlich nicht, dass es auf die Motivation und den Einsatz der einzelnen Lehrer nicht ankäme. Ganz im Gegenteil: Sie gehören wohl zu den entscheidenden Faktoren für gute Schulen, und ich habe höchste Hochachtung vor jeder Lehrerin und jedem Lehrer, die oder der aus sich heraus alles dafür gibt, dass die Schüler möglichst große Fortschritte machen. Aber man kann nicht ein gesamtes System auf die bloße Hoffnung aufbauen, dass alle Lehrerinnen und Lehrer aus sich heraus jeden Tag mit höchster Motivation in den Klassen stehen. Damit lässt man einen großen Teil unserer Kinder, und vielfach gerade die ohnehin benachteiligten, im Stich. Statt moralischer Appelle bedarf es handfester Anreize.

Letztlich geht es darum, dass alle am Bildungsprozess beteiligten Personengruppen – Schüler, Lehrer, Schulleiter, Behörden, Eltern – für ihr Verhalten verantwortlich gemacht werden

Ein anreizsetzender institutioneller Rahmen ist im Schulsystem gerade auch deshalb besonders notwendig, weil

Schulsysteme in den meisten Ländern zum großen Teil öffentlich, also vom Staat, bereitgestellt werden. Im Gegensatz zu anderen Bereichen, in denen ein Wettbewerb zwischen verschiedenen Anbietern dafür sorgt, dass die Ressourcen nach Kräften so eingesetzt werden, dass die bestmöglichen Ergebnisse dabei herauskommen, um die Mitbewerber zu übertreffen, fehlt es zwischen den öffentlichen Schulen zumeist an diesen wettbewerbsbedingten Anreizen zur Qualitätsverbesserung und Kosteneinschränkung.[2] Außerdem haben Eltern und Schüler im staatlichen System oft nicht die Möglichkeit, schlechte Schulen zu verlassen, um eine hochwertige Bildung sicherzustellen – sei es aufgrund institutioneller Hindernisse oder weil es im Umkreis einfach keine Alternative gibt.

Wie können wir Anreize dafür schaffen, dass sich alle Beteiligten für eine Steigerung der Schülerleistungen einsetzen?

Wie können wir also Anreize dafür schaffen, dass sich alle Beteiligten für eine Steigerung der Schülerleistungen einsetzen? Drei institutionelle Gegebenheiten, die bei richtiger Ausgestaltung leistungsfördernde Anreize setzen können, sind

- die externe Überprüfung vorgegebener Leistungsstandards wie zum Beispiel das Zentralabitur in Bayern,
- die Selbständigkeit von Schulen bei Personal- und tagtäglichen Entscheidungen, wie sie etwa in nordrhein-westfälischen und bayerischen Pilotprojekten beispielhaft ausprobiert wird,
- und wettbewerbliche Elemente im Schulsystem, zum Beispiel die Wahlfreiheit zwischen verschiedenen, weitgehend nicht-staatlich geleiteten, aber (damit sie auch von allen besucht werden können) mit öffentlichen Geldern finanzierten Schulen, wie es sie etwa in den Niederlanden gibt.

In diesen drei institutionellen Reformen liegen große Chancen für das deutsche Schulsystem.[3]

Wie lassen sich institutionelle Effekte messen?

Um zu überprüfen, inwieweit diese Überlegungen in der Wirklichkeit überhaupt Bestand haben, muss man sie genau dort auch untersuchen. Dabei besteht aber das Problem, dass innerhalb des Schulsystems eines Landes oftmals alles weitgehend einheitlich organisiert ist; es gibt also zum Beispiel selten sowohl selbständige als auch weniger selbständige Schulen nebeneinander, deren Leistungen man vergleichen könnte. Dabei geht es etwa um die Frage, ob Schüler in Schulen, die selbständig ihre Lehrerschaft auswählen können, mehr lernen als in Schulen, denen die Lehrer von einer zentralen Behörde zugewiesen werden. Aber zumeist sind entweder alle Schulen innerhalb eines Schulsystems weitgehend unabhängig, oder eben keine. Deshalb können wir hier vor allem international vergleichen: Weil die Schulen in den Schulsystemen einiger Länder unabhängiger sind als in anderen Ländern, lässt sich mit den verschiedenen internationalen Schülerleistungstests wie den schon erwähnten TIMSS, TIMSS-Repeat, PISA und IGLU[4] faktisch überprüfen, ob Schüler in unabhängigen Schulen anders abschneiden als in weniger selbständigen Schulen – auch wenn eine solche internationale Herangehensweise ihre Grenzen hat.[5]

Mit internationalen Vergleichen lassen sich Fragen beantworten wie: Lernen Schüler in Schulen, die selbständig ihre Lehrerschaft auswählen können, mehr als in Schulen, denen die Lehrer von einer zentralen Behörde zugewiesen werden?

In einiger Hinsicht ist allerdings gerade Deutschland eine Ausnahme in Sachen Variation des Schulsystems: Da jedes der 16 Bundesländer in weitem Maße seine eigene Schulpolitik macht und damit sein eigenes Schulsystem hat, lassen sich etwa Unterschiede zwischen dezentralem und zentralem Abitur und Unterschiede im Anteil der Privatschulen auch im Vergleich der Bundesländer analysieren.[6]

Andere Einflussfaktoren auf die Schülerleistungen wie zum Beispiel das wirtschaftliche Entwicklungsniveau, die Bildungsausgaben eines Landes, die Ausstattung der Schulen, das Bildungsniveau der Lehrer und der familiäre Hintergrund der Schüler werden sowohl in den internationalen Vergleichen als auch in den Bundesländervergleichen wiederum herausgerechnet, um den Einfluss der institutionellen Anreize isoliert analysieren zu können. Dabei werden die in den umfassenden Schüler-, Eltern- (in IGLU), Lehrer- (in TIMSS) und Schulfragebögen der internationalen Schülerleistungstests erhobenen umfangreichen Hintergrundinformationen verwendet.[7]

Lernerfolge müssen extern überprüft werden

Im Gegensatz zu Prüfungen, die vom einzelnen Lehrer gestellt und benotet werden, machen externe Prüfungen den Leistungsstand der Schüler für Eltern, Lehrer, potentielle Arbeitgeber und weiterführende Bildungseinrichtungen sichtbar und national oder zumindest regional vergleichbar. Damit können Schüler für ihre Lernanstrengungen zum Beispiel auf dem Arbeitsmarkt besonders positive Resonanz erwarten. Weil der Lehrer nun nicht mehr für den Inhalt der Klassenarbeiten und Klausuren verantwortlich ist, wird er durch die externen Prüfungen vom »Richter« zum »Coach«, der mit seinen Schülern zusammenarbeitet, um diese bestmöglich auf die externen Prüfungen vorzubereiten. Das ist natürlich auch förderlich für das Klima zwischen Schülern und Lehrern.

Gibt es externe Prüfungen, wird der Lehrer vom »Richter« zum »Coach«, der mit seinen Schülern zusammenarbeitet

Externe Prüfungen verhindern auch, dass in einzelnen Klassen ganze Wissensgebiete ohne Konsequenzen für die Benotung ausgelassen werden können. Sie verdeutlichen Eltern und Schulleitern, ob die Lehrer in der Wissensvermittlung erfolgreich waren oder nicht, wodurch wiederum die Lehrer erwarten müssen, dass sie für ihre Anstrengungen verantwortlich gemacht werden. Setzt man also klare Leistungsstandards, die extern überprüft werden, wird es aufgrund der positiven oder negativen Konsequenzen für gute oder schlechte Arbeit, die alle beteiligten Gruppen zu erwarten haben, mit allergrößter Wahrscheinlichkeit zu besseren Schülerleistungen kommen.

Tatsächlich ergibt sich in den internationalen Schülerleistungstests ganz eindeutig, dass Schüler in Ländern mit externen Abschlussprüfungen wie dem Zentralabitur deutlich besser abschneiden als Schüler in Ländern ohne externe Prüfungen. Die in Abbildung 4.1 wiedergegebenen Resultate von Analysen, die die Einflüsse des familiären Hintergrunds, der schulischen Ausstattung und sonstiger institutioneller Unterschiede herausrechnen, zeigen, dass in allen

4.1: Externe Abschlussprüfungen (z.B. Zentralabitur) verbessern die Schülerleistungen

Leistungsvorsprung von Schülern in Staaten mit externen Abschlussprüfungen gegenüber Schülern in Ländern ohne externe Abschlussprüfungen, nach Herausrechnung zahlreicher weiterer Einflussfaktoren.

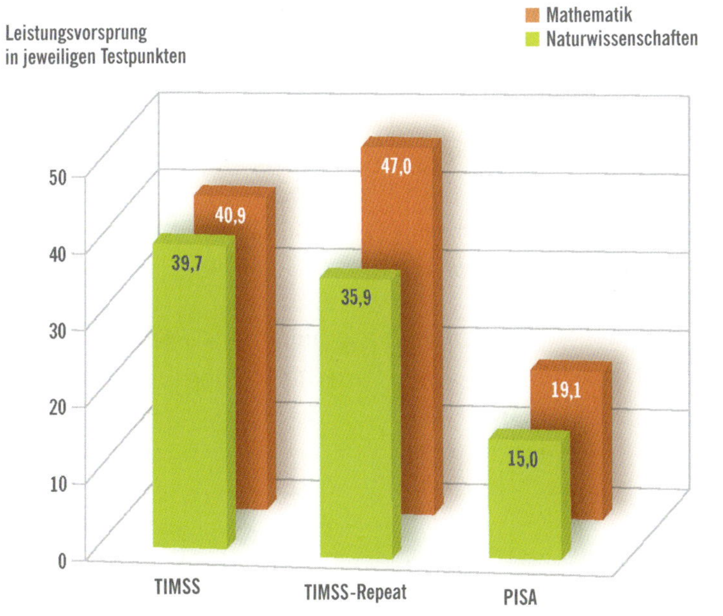

drei Mittelstufentests – TIMSS, TIMSS-Repeat und PISA –, jeweils sowohl in Mathematik als auch in Naturwissenschaften, ein ansehnlicher Leistungsvorsprung von Schülern in Ländern mit externen Abschlussprüfungen vorliegt.[8]

» IRRTUM NR. 7:

National standardisierte Prüfungen sind schlecht für die Lehre.

Der Effekt von rund 40 Punkten in den TIMSS-Tests entspricht etwa dem in TIMSS gemessenen durchschnittlichen Leistungsunterschied zwischen Siebt- und Achtklässlern. Der Leistungsunterschied zwischen Schülern in Ländern mit und ohne externe Abschlussprüfungen beträgt also etwa genauso viel, wie Schüler im Durchschnitt in einem ganzen Jahr lernen. Die Effekte in PISA erscheinen nur deswegen kleiner, weil der PISA-Test auf einem anderen Maßstab gemessen wurde; bei vergleichbarem Maßstab sind die PISA-Effekte fast genauso groß wie die in TIMSS.[9]

Der Leistungsunterschied zwischen Schülern in Ländern mit und ohne externe Abschlussprüfungen beträgt etwa so viel, wie Schüler im Durchschnitt in einem ganzen Jahr lernen

Ähnlich positive Effekte externer Prüfungen finden sich auch in der Grundschule anhand des internationalen IGLU-Datensatzes.[10] Wenn Lehrer ihre Schüler an nationalen oder regionalen Prüfungen teilnehmen lassen, um den Fortschritt ihrer Leseleistungen zu überprüfen, schneiden diese im IGLU-Test eindeutig besser ab.

Soweit die Ergebnisse aus den internationalen Vergleichen. In Deutschland können auch Bundesländer mit und ohne externe Abschlussprüfungen miteinander verglichen werden. Das Ergebnis ist genauso eindeutig: Wie in Abbildung 4.2 zu sehen, schneiden Bundesländer mit externen Abschlussprüfungen (Zentralabitur, zumeist auch zentrale Prüfungen der Mittleren Reife) etwa in der PISA-E-Studie von 2003 systematisch weit besser ab als Bundesländer ohne externe Abschlussprüfungen. Es gibt überhaupt nur ein ein-

4.2: Bundesländer mit Zentralabitur erzielen weit bessere Schülerleistungen

Leistungen im PISA-E-2003-Mathematiktest in Bundesländern mit und ohne externe Abschlussprüfungen (Zentralabitur).

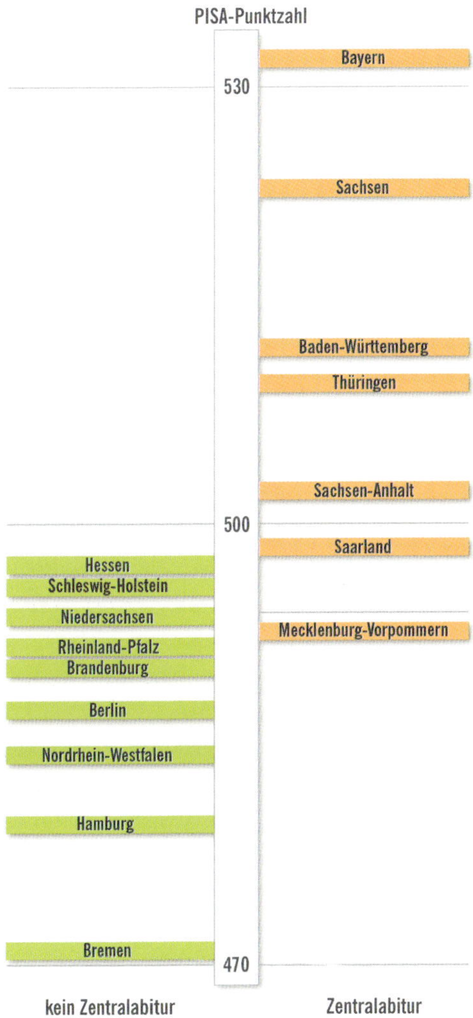

ziges Bundesland mit externen Abschlussprüfungen, das schlechter abschneidet als irgendein einziges Bundesland ohne externe Abschlussprüfungen. Bemerkenswert ist dabei auch, dass sich die Größe des im Bundesländervergleich berechneten Effektes der zentralen Abschlussprüfungen nicht erkennbar von dem im internationalen Vergleich berechneten Effekt unterscheidet. Was im internationalen Vergleich gilt, scheint also genauso innerhalb Deutschlands zu gelten.[11]

Eine weitere Form der externen Leistungsüberprüfung, von der die internationalen PISA-Daten berichten, sind neben den Abschlussprüfungen am Ende der weiterführenden Schule auch regelmäßige standardisierte Tests der fünfzehnjährigen Schüler während des Schuljahres. Dabei handelt es sich um Tests, die nicht von der jeweiligen Lehrkraft entwickelt wurden, sondern zumindest auf Schulebene standardisiert sind, und die mindestens einmal pro Jahr eingesetzt werden, um die Leistungen der Schüler zu beurteilen. Es zeigt sich, dass sich die Auswirkungen solcher standardisierter Tests zwischen Ländern mit und ohne externe Abschlussprüfungen sehr unterscheiden. Wie Abbildung 4.3 verdeutlicht, sind die Leistungen in Schulen mit standardisierten Tests, aber ohne externe Abschlussprüfungen am schlechtesten. Gibt es allerdings externe Abschlussprüfungen, dann wirken sich diese standardisierten Tests noch zusätzlich positiv auf die gemessenen Leistungen aus.

Regelmäßige standardisierte Tests sind nur dann leistungsfördernd, wenn durch externe Abschlussprüfungssysteme die Ziele und Standards klar vorgegeben sind

Regelmäßige standardisierte Tests sind offenbar nur dann leistungsfördernd, wenn durch die externen Abschlussprüfungssysteme die Ziele und Standards des Schulsystems klar vorgegeben sind. Denn ohne klare, extern vorgegebene Standards ist nicht sichergestellt, dass sich die Anstrengungen in den Schulen auf solche Ziele ausrichten, die wir wirklich vom Schulsystem erwarten. Ansonsten könnte es sein, dass die Tests bevorzugt Wissensgebiete abfragen, die etwa der Direktion besonders am Herzen liegen. Wenn Lehrer ihre

4.3: Regelmäßige standardisierte Tests steigern die Schülerleistungen nur, wenn auch externe Abschlussprüfungen durchgeführt werden

Leistungsunterschied im Verhältnis zur niedrigsten Ergebniskategorie, nach Herausrechnung zahlreicher weiterer Einflussfaktoren.

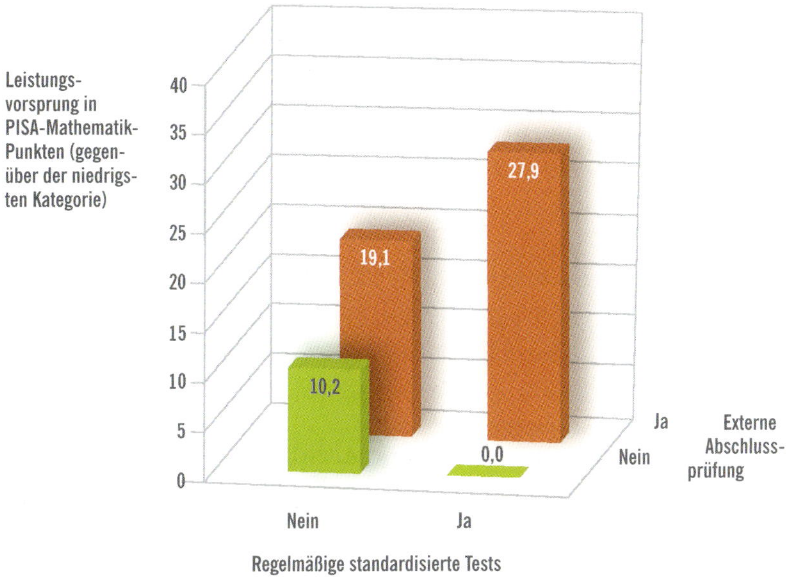

Schüler auf solche Tests besonders gut vorbereiten, kann das im Zweifel auf Kosten der Vermittlung anderer, vielleicht sinnvollerer Kompetenzen gehen.

In den USA sind in den letzten Jahren in einer immer größeren Anzahl von Bundesstaaten externe Prüfungssysteme eingeführt worden, bei denen Verfehlungen der zuvor klar definierten Leistungsstandards direkte Konsequenzen für die Schulen mit sich bringen. Diese Konsequenzen umfassen oftmals finanzielle Anreize für das Lehrpersonal in Schulen, die besonders gut abschneiden. Die negativen Konsequenzen für schlecht abschneidende Schulen können zum Teil so weit gehen, dass Schulen, die mehrfach die Vorgaben klar verfehlen, geschlossen werden. Verschiedene Studien haben gezeigt, dass solche so genannten »Accountability«-Systeme mit expliziten Konsequenzen für die Schulen die Lernleistungen der Schüler deutlich erhöht haben.[12] In Florida hat man eine erfolgreiche Regelung eingeführt, die die Verantwortlichkeit der Schulen mit elterlichen Wahlmöglichkeiten verbindet. Dort bekommen Schüler, deren Schulen in Überprüfungstests regelmäßig schlecht abschneiden, Gutscheine zum Besuch einer Privatschule. Die Bedrohung für die öffentlichen Schulen, dass ihnen bei wenig Engagement die Schüler zu den Privatschulen abwandern könnten, hat in Florida die Leistungen insbesondere benachteiligter Schüler stark verbessert.[13]

Angemessene Rechenschaftssysteme müssen so gestaltet sein, dass die Schulen nur für solche Ergebnisse verantwortlich gemacht werden, für die sie auch wirklich verantwortlich sind

Angemessene Rechenschaftssysteme müssen natürlich so gestaltet sein, dass die Schulen nur für solche Ergebnisse verantwortlich gemacht werden, für die sie auch wirklich verantwortlich sind. Da das keine einfache Aufgabe ist, sind die Vorteile von auf Schulen abzielenden Prüfungs- und Rechenschaftssystemen weiterhin Gegenstand umfangreicher Forschungen und Debatten. Es darf zum Beispiel nicht sein, dass eine Schule, die einen verstärkten Zuzug von Schülern mit einem bildungsferneren familiären Hintergrund verkraften muss, »bestraft« wird, wenn die Leistungen ihrer Schüler sich im Durchschnitt zunächst verschlechtern. Darüber hinaus können auf Schulen fokussierte Rechenschaftssysteme dazu führen, dass Lehrer und Schulen Strategien entwickeln die mangelnde Erfolge verschleiern sollen, z.B. indem sie leistungsschwache Schüler verstärkt in speziellen Bildungsprogrammen unterbringen, die außerhalb des Rechenschaftssystems sind, oder indem sie leistungsschwachen Schülern präventiv die Versetzung verweigern, damit diese nicht den Schnitt der jeweils höheren Jahrgangsstufe senken.[14] Außerdem kann die Verbindung der Tests mit tief greifenden Konsequenzen Anreize zu expliziter Täuschung schaffen; Lehrer könnten etwa versucht sein, den Schülern die Testinhalte vorher bekannt zu geben, um sie besser darauf vorzubereiten.[15] Deshalb ist es bei der Gestaltung von Rechenschaftssystemen äußerst wichtig, die Möglichkeit zu Umgehungsstrategien und Betrug durch entsprechende Ausgestaltung der Prüfungssysteme so gering wie möglich zu halten.

Den Schulen Verantwortung geben – und sie verantwortlich machen

Eine zweite institutionelle Schraube, an der wir für eine Verbesserung unserer Schulen drehen können, besteht in dem Ausmaß an Entscheidungsfreiheit, das den einzelnen Schulen zugestanden wird. Im Prinzip kann sich eine Dezentralisierung der Entscheidungen sowohl positiv als auch negativ auf die Schülerleistungen auswirken.[16] Zum einen erlaubt die Selbständigkeit von Schulen nämlich die Nutzung von Wissensvorsprüngen der einzelnen Schulen gegenüber den zentralen Entscheidungsträgern in den Schulbehörden, zum Beispiel über die Lehrprozesse oder das Personal. Durch die Nutzung besseren Wissens können selbständige Schulen also gut für die Schülerleistungen sein. Zum anderen erlaubt Selbständigkeit aber auch opportunistisches Verhalten – das heißt, die Schulen können unbeobachtet eigene Interessen verfolgen, die nicht auf die Verbesserung der Leistung ihrer Schüler abzielen, sondern beispielsweise auf die Verbesserung der finanziellen Stellung der Schule oder die Verringerung der Arbeitslast für das Lehrpersonal. In dieser Hinsicht kann sich die selbständige Schule durchaus auch negativ auf die dort erzielten Schülerleistungen auswirken.

Im Prinzip können sich selbständige Entscheidungen von Schulen sowohl positiv als auch negativ auf die Schülerleistungen auswirken

Die Analysen der internationalen Schülerleistungstests zeigen, dass sich die Selbständigkeit von Schulen in verschiedenen Entscheidungsbereichen in der Tat sehr unterschiedlich auswirkt.[17] So wird deutlich, dass an Schulen,

- die selbständig über Lehrprozesse entscheiden können,
- die also ihre Lehrbücher selbst auswählen und auch ihre sonstigen Lehrmittel selbst einkaufen,
- die das Budget, das der Schule zur Verfügung steht, eigenständig aufteilen und in eigener Regie über die Einstellung von neuen Kollegen entscheiden,

die Leistungen der Kinder meist besser sind. Dieser positive Zusammenhang findet sich auch schon in der Grundschule.[18]

» IRRTUM NR. 8:

Die Schulbehörden wissen am besten, welche Lehrer zu welchen Schulen passen.

Budgetrahmen und Lehrstandards sollten den Schulen vorgegeben sein, doch innerhalb dieses Rahmens müssen sie selbständig entscheiden können

Demgegenüber besteht ein negativer Zusammenhang zwischen Selbständigkeit der Schulen und den Leistungen ihrer Schüler, wenn es um die Festsetzung der Höhe des Schulbudgets und des Lehrumfangs geht. Eine einfache Kombination dieser Ergebnisse ließe unsere Kinder also am besten lernen: Budgetrahmen und Lehrstandards sollten den Schulen vorgegeben sein, doch innerhalb dieses Rahmens müssen sie selbständig entscheiden können.

Ein anderes Kriterium dafür, dass die selbständige Schule den Schülern auch wirklich nützt, ist, ob die Schulen durch externe Leistungsüberprüfungen zur Rechenschaft gezogen werden oder aber nicht. Gibt es keine externen Prüfungen, fällt kaum auf, wenn die Schulen sich nicht im Interesse der Schülerleistungen engagieren. Wenn aber durch externe Prüfungen objektiv überprüft werden kann, ob die Schulen gute Leistungen erzielen oder nicht, können Aufsichtsbehörden und auch gegebenenfalls die Eltern ihre Konsequenzen ziehen. Das schafft Anreize für die Entscheidungsträger in den Schulen, ihre Selbständigkeit nicht zu missbrauchen, sondern effektiv zur Leistungsförderung der

Schüler einzusetzen. So ergänzen sich Selbständigkeit der Schulen und externe Überprüfung: Indem sie Rechenschaft einfordern, verringern externe Prüfungen die negativen Auswirkungen, die die Selbständigkeit der Schulen haben kann. Und die positiven Aspekte können erst voll zum Tragen kommen.

Genau dieses Zusammenspiel zeigt sich bei der Analyse der internationalen Schülerleistungstests. Abbildungen 4.4 (a) und (b) stellen es für den Fall dar, dass die Schule selbst über Gehaltsbestandteile der Lehrer entscheidet. Sowohl in der Analyse der relevanten Daten der (hier kombiniert betrachteten) TIMSS-Tests (a) als auch des PISA-Tests (b) wird deutlich, dass sich die Gehaltsautonomie, wenn es keine externen Abschlussprüfungen gibt, negativ auf die Schülerleistungen auswirkt. Die Lehrer scheinen hier gegebenenfalls ihre Energien weniger darauf zu verwenden, ihre Schüler optimal zu unterrichten, sondern engagieren sich verstärkt für besonders prestigeträchtige Projekte, die sie in den Augen der Schulleitung gut dastehen lassen, um bei der nächsten Gehaltsrunde berücksichtigt zu werden. Oder die Schulleitung belohnt nicht die besten Lehrer, sondern die ihr genehmsten – es merkt ja keiner.

In Systemen mit externen Prüfungen sieht es gerade umgekehrt aus. Hier sind die Schülerleistungen besser in Schulen, die selbständig über Einkommensbestandteile ihrer Lehrkörper entscheiden dürfen. Dort werden natürlich bevorzugt diejenigen Lehrer ein besseres Gehalt beziehen, deren Klassen bei den externen Prüfungen gut abschneiden. Neben ihren ohnehin positiven Auswirkungen auf die Schülerleistungen haben externe Abschlussprüfungen also auch noch zur Folge, dass Schulen ihre Selbständigkeit zum Wohle der Schüler einsetzen.

Indem sie Rechenschaft einfordern, bringen externe Prüfungen die positiven Aspekte der Selbständigkeit der Schulen voll zum Tragen

Abbildungen 4.5 (a) und (b) zeigen ein ganz ähnliches Bild in zwei weiteren Entscheidungsbereichen. Wenn Lehrer

4.4: Bester Unterricht in Schulen, die selbständig über Lehrergehälter entscheiden dürfen, deren Leistungen aber extern überprüft werden

Leistungsunterschied im Verhältnis zur niedrigsten Ergebniskategorie, nach Herausrechnung zahlreicher weiterer Einflussfaktoren.

(a) in TIMSS und TIMSS-Repeat

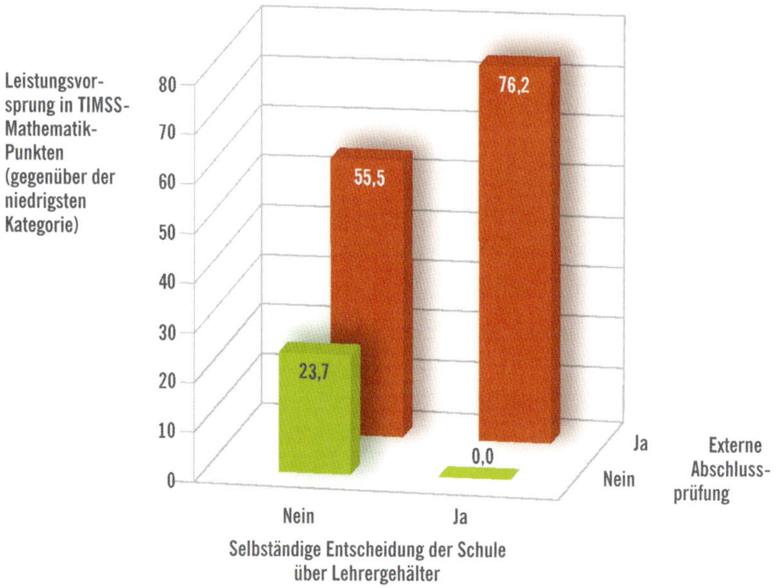

in Systemen ohne externe Prüfungen Einfluss auf die Ressourcenausstattung der Schule erhalten (a) – eine Information, die in den TIMSS-Tests vorliegt –, so wirkt sich das nicht gut auf die Schülerleistungen aus. Die Lehrer scheinen dann im Zweifelsfall lieber etwas zu kaufen, was ihnen selbst die Arbeit erleichtert oder spannender macht, als das, was den Schülern den größten Nutzen für ihr Lernen bringt. In Systemen mit externen Prüfungen ist das nicht so, und es besteht stattdessen ein, wenn auch schwacher, positiver Zusammenhang. Ähnlich sieht es bei der Schulautonomie in Bezug auf die Lehrinhalte aus (b) – darüber liegen im PISA-Test

Daten vor. Gibt es keine externen Prüfungen, hat eine selbständige Entscheidung der Schulen über die Lehrinhalte negative Folgen für die Schülerleistungen. Das genaue Gegenteil geschieht wiederum in einem System mit externen Prüfungen: Dort wirkt es sich positiv auf die Schülerleistungen aus, wenn die Lehrer ihren Unterricht individuell gestalten.[19]

All das zeigt: Externe Leistungsprüfungen sind essentiell für ein Schulsystem, das optimale Lernerfolge für seine Schüler anstrebt. Als zentrale Messlatte erweisen sie sich unter anderem als Voraussetzung dafür, dass dezentral organisierte Schulsysteme zu hohen Schülerleistungen führen können.[20] Eine effiziente Bildungspolitik sollte also externe Prüfungen mit selbständigen Schulen verbinden: Sie sollte Standards extern vorgeben und überprüfen und es gleichzeitig den Schulen überlassen, wie sie diese Standards errei-

4.4: *(b) in PISA*

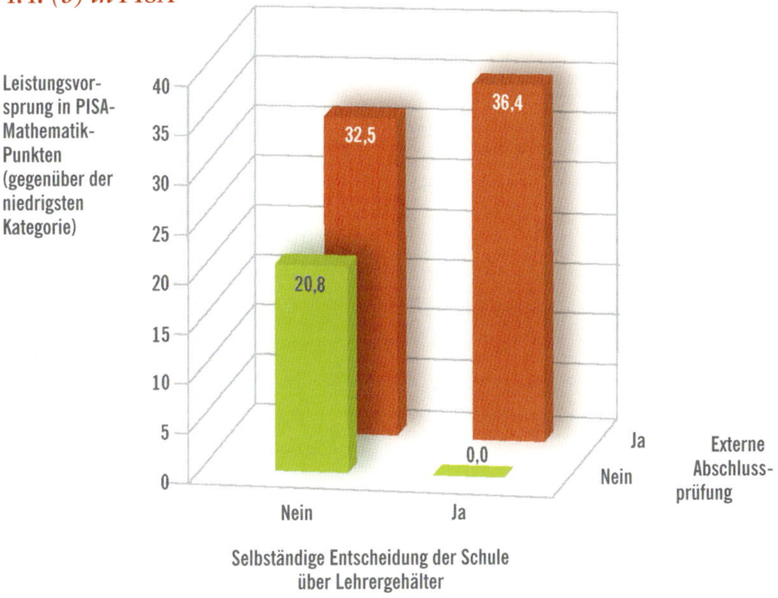

4.5: Beste Ergebnisse in extern überprüften Schulen, die selbständig über Ausstattung und Lehrinhalte entscheiden

Leistungsunterschied im Verhältnis zur niedrigsten Ergebniskategorie, nach Herausrechnung zahlreicher weiterer Einflussfaktoren.

(a) Lehrereinfluss auf Ausstattung der Schulen (in TIMSS und TIMSS-Repeat)

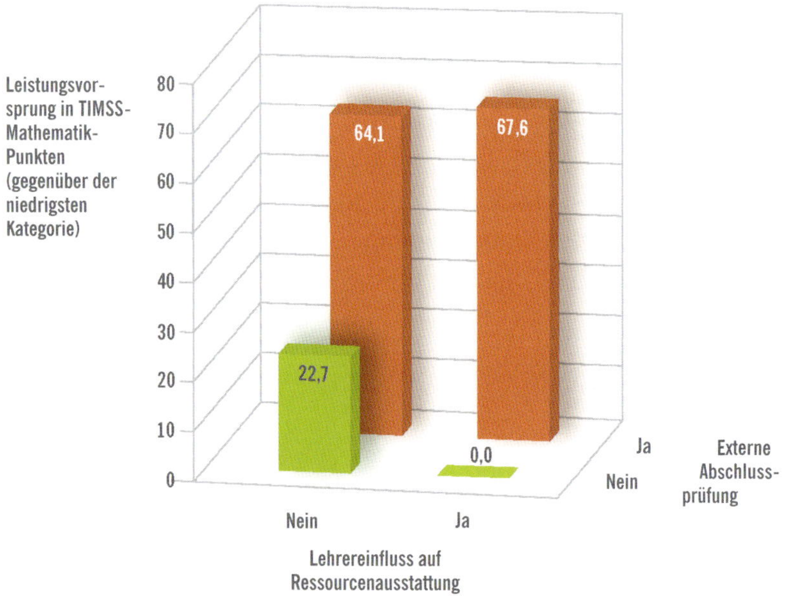

chen wollen. Diese empirischen Befunde aufgrund der internationalen Schülerleistungstests untermauern genau die Empfehlungen, die die Wirtschaftsweisen für das deutsche Bildungssystem formuliert[21], die aber bislang kaum Umsetzung erfahren haben. Leider werden Reformen in Richtung verstärkter Selbständigkeit der Schulen in Deutschland bisher nur äußerst zaghaft angegangen. Dabei liefern erste Pilotprojekte in Nordrhein-Westfalen und Bayern durchaus viel versprechende Ergebnisse.

In NRW wurde das Modellvorhaben »Selbstständige Schule« als gemeinsame Initiative des Landes Nordrhein-Westfalen und der Bertelsmann Stiftung auf sechs Jahre angelegt. Die 278 beteiligten Modellschulen haben durch eine gesetzliche Öffnungsklausel erweiterte Gestaltungsfreiräume in den Bereichen Unterrichtsentwicklung und -organisation, internes Management, Personalentwicklung, Ressourcenbewirtschaftung und Qualitätssicherung. Erfreulicherweise wird dieses Modellprojekt von einer umfangreichen wissenschaftlichen Forschung begleitet, die untersuchen soll, ob die stärkere Selbständigkeit die schulische Qualität tatsächlich verbessert hat. Die Zwischenergebnisse deuten darauf

4.5: *(b) Selbständige Entscheidung der Schule über Lehrinhalte (in PISA)*

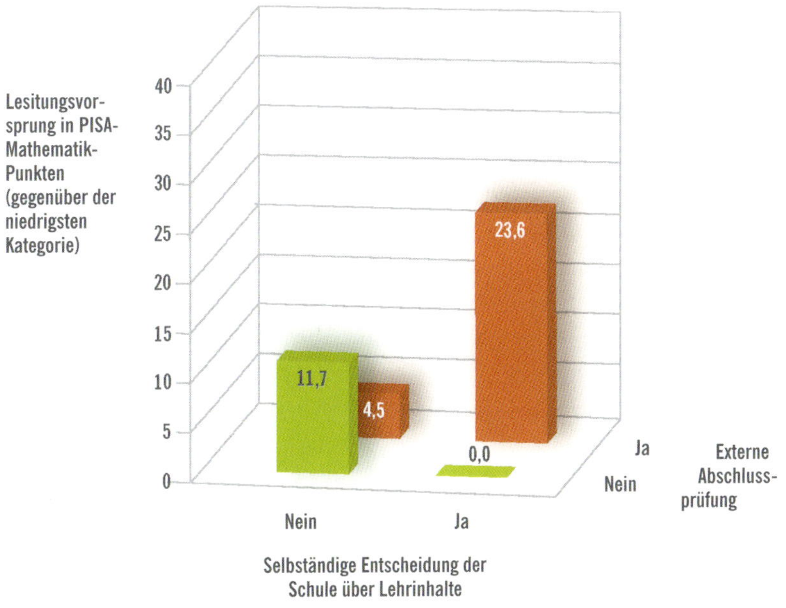

hin, dass die beteiligten Schulen sich nicht nur auf solchen Gebieten wie Innovationsbereitschaft, Zusammenarbeit und Evaluationskultur positiv entwickelten, sondern auch ganz explizit bei den Leistungen ihrer Schüler.[22]

In Bayern ist das Projekt »MODUS 21« (»MODell Unternehmen Schule im 21. Jahrhundert«) ein gemeinsames Vorhaben des Bayerischen Staatsministeriums für Unterricht und Kultus und der Stiftung Bildungspakt Bayern. Das auf fünf Jahre angelegte Modellprojekt gibt den 44 beteiligten Pilotschulen mehr Eigenständigkeit in den Bereichen Unterricht, Personal, Partnerschaften und Sachmittelverantwortung. Auch bei MODUS 21 sind bereits positive Entwicklungen der getesteten Schülerleistungen zu beobachten.

Flächendeckende Reformen in Sachen Selbständigkeit lassen allerdings auf sich warten, während Jahrgang für Jahrgang teilweise schlecht oder gar nicht auf das Berufsleben vorbereiteter Schulabgänger in den Arbeitsmarkt entlassen wird. Nimmt man die hier vorgestellten internationalen PISA-Ergebnisse als Standard, dann sind von einer flächendeckenden Reform unseres Schulsystems in Richtung auf mehr Selbständigkeit der Schulen immense Steigerungen bei den Schülerleistungen zu erwarten. Würde es etwa gelingen, in den nächsten zwei Jahren allen Schulen die selbständige Entscheidung über Personaleinstellung, Gehaltsbestandteile, Budgetaufteilung, Lehrbuchauswahl und Lehrinhalte zu geben, so würden daraus in Ländern mit externen Abschlussprüfungen gemäß den Untersuchungen letztlich Leistungssteigerungen der Schüler entstehen, die in ihrer Summe weit mehr als dem, was Schüler derzeit im Durchschnitt in zwei ganzen Schuljahren lernen, entsprechen! In Ländern, die externe Prüfungen erst noch einführen müssen, wäre der kombinierte Effekt nochmals größer.

Flächendeckende Reformen im Bereich der Selbständigkeit lassen auf sich warten, während Jahrgang für Jahrgang teilweise schlecht ausgebildeter Schulabgänger in den Arbeitsmarkt entlassen wird

Der Staat zahlt – aber muss er auch ausführen?

Die dritte institutionelle Schraube, an der wir drehen müssten, um die Leistungen unserer Schüler anzuheben, ist das Ausmaß an Wettbewerb, das im Schulsystem herrscht. Verstärkter Wettbewerb, etwa durch privat geleitete Schulen, schafft Wahlfreiheit für die Eltern. Dies wiederum fördert leistungsförderndes Engagement der Schulen insofern, als Eltern ihre Zöglinge bevorzugt auf solche Schulen schicken werden, die sich einen guten Ruf erworben haben. Auf der anderen Seite wird mangelndes oder falsches Engagement bestraft, und zwar dadurch, dass Eltern ihre Kinder von den entsprechenden Schulen herunternehmen (könnten). Die so entstehenden Marktkräfte erzeugen Anreize für die Schulen, effizient und innovativ zu arbeiten.[23] Dies gilt sowohl im privaten Schulmanagement als auch für nahe gelegene öffentliche Schulen, die sich dem Wettbewerb ausgesetzt sehen. Damit wirkt sich Wettbewerb durch privat geleitete Schulen durchaus positiv auf die Leistung des gesamten Schulsystems aus.

Würde es gelingen, allen Schulen weiträumige Entscheidungsfreiheit zu übertragen, so entstünden daraus in Ländern mit externen Abschlussprüfungen Leistungssteigerungen, die in ihrer Summe weit mehr als dem entsprechen, was Schüler derzeit im Durchschnitt in zwei ganzen Schuljahren lernen!

Die Ergebnisse der internationalen Schülerleistungstests zeigen, dass Schüler in Schulsystemen mit einem höheren Anteil privat geleiteter Schulen tatsächlich bessere Leistungen aufweisen. Wie aus Abbildung 4.6 ersichtlich, geht etwa ein um 25 Prozentpunkte höherer Anteil privat geleiteter Schulen in einem Land im Durchschnitt mit knapp 14 Punkten besserer Naturwissenschaftsleistung und 15 Punkten besserer Mathematikleistung in TIMSS einher. In ähnlicher Weise haben auch solche Länder bessere TIMSS-Mathematikleistungen, die einen größeren Anteil ihrer öffentlichen Bildungsausgaben an privat geleitete Schulen geben.

Während diese Befunde anhand der TIMS-Studie nur den Anteil privat geleiteter Schulen innerhalb eines betrachteten Schulsystems berücksichtigen, liefert der PISA-Datensatz auch direkte Informationen darüber, ob eine jeweils getestete Schule sich in öffentlicher oder privater Trägerschaft befindet. Im Durchschnitt schneiden Schüler an Schulen in privater Trägerschaft in allen drei PISA-Kompetenzbereichen eindeutig besser ab als Schüler an Schulen in öffentlicher Trägerschaft (auch nachdem die Einflüsse zahlreicher weiterer Faktoren wie die des familiären Hintergrunds her-

4.6: Wettbewerb durch privat geleitete Schulen erhöht die Leistungen der Schüler

Leistungsunterschied aufgrund der jeweils angegebenen Veränderung, nach Herausrechnung zahlreicher weiterer Einflussfaktoren.

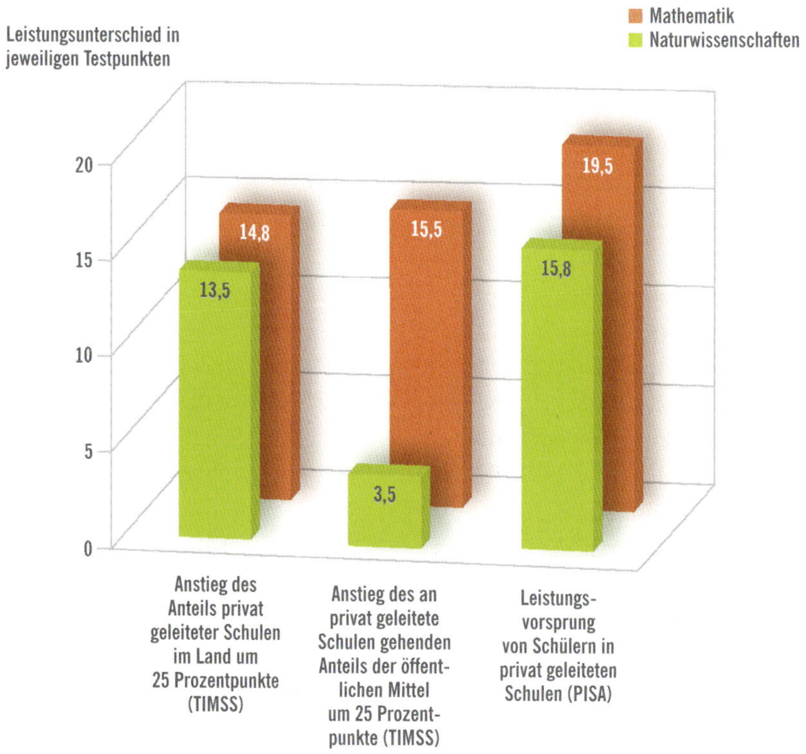

ausgerechnet wurden). Die in Abbildung 4.6 dargestellten Ergebnisse zeigen, dass der Leistungsvorsprung von Schülern in privat geleiteten Schulen etwa so viel ausmacht, wie ein Schüler in einem Halbjahr lernt.

» IRRTUM NR. 9:

Die öffentliche Hand zahlt für die Schulen, darum sollte sie sie auch leiten.

Der Privatschulanteil ist in Deutschland insgesamt relativ gering, aber nicht gleichmäßig verteilt. In manchen Bundesländern gibt es mehr, in manchen weniger Privatschulen. Und auch hier zeigt sich, dass die Durchschnittsleistungen von Schülern in Bundesländern mit einem größeren Anteil an privat geleiteten Schulen tendenziell höher sind (Abbildung 4.7). Dies hat – in marktwirtschaftlicher, anreizorientierter Logik – durchaus nicht nur damit zu tun, dass die privat geleiteten Schulen selbst besser abschneiden, sondern auch damit, dass die öffentlich geleiteten Schulen besser abschneiden, wenn sie dem Wettbewerb durch private Schulen ausgesetzt sind, der den Eltern größere Wahlmöglichkeiten gibt. Wie schon im Fall der externen Abschlussprüfungen ist die im Bundesländervergleich berechnete Auswirkung des Privatschulanteils kaum von dem im internationalen Vergleich berechneten Effekt zu unterscheiden: Ein weiterer Beleg dafür, dass auch die internationalen Vergleichsergebnisse durchaus für Deutschland relevant sind.[24]

Die Durchschnittsleistungen von Schülern in Bundesländern mit einem größeren Anteil an privat geleiteten Schulen sind tendenziell höher

Der internationale PISA-Datensatz stellt zusätzlich zu den Daten über die öffentliche oder private Schulträgerschaft, also das jeweilige Schulmanagement, auch Zahlen dazu zur Verfügung, wie hoch der öffentliche und private Finanzierungsanteil jeder getesteten Schule ist. Dabei ergibt sich ein großer Unterschied zwischen Trägerschaft und Finanzierung: Während wie berichtet private Schulträger-

4.7: Die Schülerleistungen sind tendenziell besser in Bundesländern, in denen es mehr private Schulen gibt

Zusammenhang zwischen dem Anteil der Schüler in privaten Bildungseinrichtungen an der Gesamtheit der Schüler und den durchschnittlichen Leistungen im PISA-E-2003-Lesetest, beides nach Herausrechnung weiterer Einflussfaktoren.

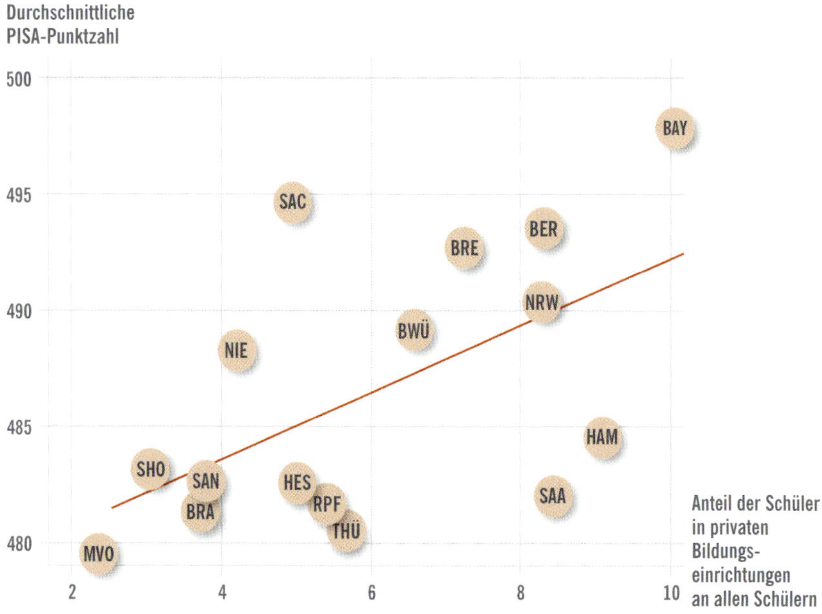

schaft bessere Schülerleistungen erzielt, geht im Bereich der Schulfinanzierung ein höherer öffentlicher Anteil mit besseren Schülerleistungen einher.

Abbildung 4.8 stellt diesen Zusammenhang graphisch dar. Sie teilt die PISA-Teilnehmerländer in vier Gruppen ein, je nachdem, ob in ihnen der Anteil privat geleiteter Schulen relativ hoch oder niedrig und ob in ihnen der durchschnittliche öffentliche Finanzierungsanteil der Schulen relativ hoch oder niedrig ist.[25] Mit Abstand am besten schneiden Schüler in Ländern ab, die einen niedrigen Anteil öffentlich geleiteter Schulen (also einen hohen Anteil von Schulen in privater Trägerschaft) mit einem hohen Anteil öffentlicher Finanzierung verbinden.

Ein Beispiel für ein solches Land sind etwa die Niederlande, wo drei Viertel aller Schulen in privater Trägerschaft geleitet werden, diese privat geleiteten Schulen aber genauso wie die öffentlichen Schulen nahezu ihre gesamte Finanzierung aus öffentlichen Quellen beziehen. Länder wie Korea, die sowohl bei der Trägerschaft als auch in der Finanzierung einen im internationalen Vergleich relativ hohen Anteil privater Beteiligung aufweisen, schneiden im Durchschnitt genauso gut ab wie Länder, die in beiden Fällen einen hohen öffentlichen Anteil aufweisen. Zu letzterer Gruppe gehören die meisten Länder, inklusive Deutschland. Demgegenüber schneiden Länder mit niedriger privater Trägerschaft, aber hohem privatem Finanzierungsanteil (etwa aufgrund von hohen Schulgebühren in staatlich geleiteten Schulen) besonders schlecht ab – was allerdings in der Realität eher in Ausnahmefällen vorkommt, so etwa in Mexiko.

Schüler in Ländern wie den Niederlanden, die private Trägerschaft mit öffentlicher Finanzierung verbinden, sind uns wissensmäßig um ein ganzes Schuljahr voraus

Die berechnete Auswirkung von mehr Wettbewerb ist riesig: Der Unterschied zwischen der deutschen Gruppe mit hauptsächlich öffentlich geführten Schulen und der niederländischen Gruppe mit Schulen, die zwar öffentlich finanziert, aber privat geleitet werden, beträgt an die 40 Punkte im PISA-Test, was mehr als dem entspricht, was die Schüler durchschnittlich in einem ganzen Schuljahr erlernen. Aufgrund des Unterschiedes in der institutionellen Struktur des Schulsystems sind die Schüler dort im selben Alter wissensmäßig mehr als ein Jahr weiter!

Warum wirkt sich private Finanzierung so gänzlich anders aus als private Trägerschaft? Auch hier liegt das wohl wieder an den Wettbewerbseffekten. Öffentliche Finanzierung erlaubt es auch relativ armen Familien, ihre Kinder auf privat geleitete Schulen zu schicken. Öffentliche Finanzie-

4.8: Die Schüler lernen am meisten, wenn die Schulen privat geleitet, aber öffentlich finanziert werden

Leistungsunterschied im Verhältnis zur niedrigsten Ergebniskategorie, nach Herausrechnung zahlreicher weiterer Einflussfaktoren.

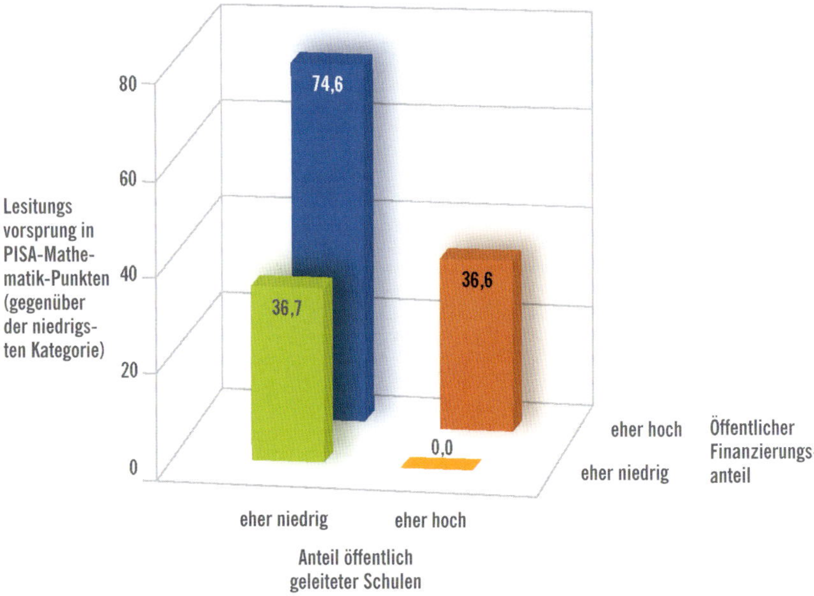

rung erhöht so die Wahlfreiheit der Eltern, und im Schulsystem entsteht insgesamt mehr Wettbewerb: Mehr Eltern sind in der Lage, Wahlentscheidungen zu treffen, das steigert die Motivation der Schulen, sich besonders für die Schüler ins Zeug zu legen. In Systemen, die private Schulleitung mit öffentlicher Schulfinanzierung verbinden, herrscht die größte Wahlfreiheit und damit der meiste Wettbewerb. Deswegen werden dort die besten Schülerleistungen erzielt.

Die positive Wirkung öffentlicher Schulfinanzierung bestätigt sich, wenn man die in PISA verfügbaren Informationen über private oder öffentliche Trägerschaft und Finanzierung auf Ebene der einzelnen Schulen nutzt. Wie die in Abbildung 4.9 dargestellten Ergebnisse zeigen, wirkt sich ein höherer öffentlicher Finanzierungsanteil ausschließlich in privat geleiteten Schulen leistungsfördernd aus. In öffentlich geleiteten Schulen ist der Effekt des öffentlichen Finanzierungsanteils (im Gegensatz etwa zu Schulgeld und sonstigen privat finanzierten Beiträgen) demgegenüber verschwindend gering. Also hat eine umfassendere öffentliche Schulfinanzierung nur dort einen positiven Effekt, wo sie dazu führt, dass privat geleitete Schulen für mehr Eltern bzw. Schüler infrage kommen – zum Beispiel, indem eine kirchliche Schule durch einen öffentlichen Finanzierungsanteil verpflichtet ist, auch Schüler anderer Konfessionen aufzunehmen. Oder aber wenn privat geleitete Internate durch einen öffentlichen Finanzierungsanteil auch einen bestimmten Anteil von Tagesschülern aus dem jeweiligen Ort aufnehmen müssen. Denn wo die Eltern die Wahl haben, ihre Sprösslinge entweder auf die lokale öffentliche Schule zu schicken oder aber auf die private Schule am Ort, entsteht ein Wettbewerb, der beide Schulen dazu motiviert, das Beste aus sich herauszuholen.[26]

Öffentliche Finanzierung ermöglicht mehr Eltern Wahlfreiheit, sodass im Schulsystem insgesamt mehr Wettbewerb entsteht

Nationale Analysen aus den USA untermauern die förderliche Wirkung des Wettbewerbs zwischen verschiedenen Schulen, die die internationalen Tests zeigen. So scheint die Wahl von (katholischen) Privatschulen bei Schülern aus ärmeren Vierteln amerikanischer Großstädte zu besseren Leistungen zu führen.[27] Jüngste experimentelle Studien belegen ebenfalls, dass Wahlfreiheit und Wettbewerb zwischen Schulen nicht nur die Leistungen dieser Schulen selbst verbessert, sondern auch die Leistungen der dem Wettbewerb ausgesetzten öffentlichen Schulen. Die positiven Leistungseffekte konnten für verschiedene Formen des Wettbewerbs nachgewiesen werden, sowohl für die so genannten »Charter Schools« als auch für Gutscheinprogramme.[28] Bei den

4.9: Auswirkung öffentlicher Finanzierung auf private und öffentliche Schulen

Effekt des öffentlichen Finanzierungsanteils auf die PISA-Leseleistung in privat und öffentlich geleiteten Schulen, nach Herausrechnung zahlreicher weiterer Einflussfaktoren

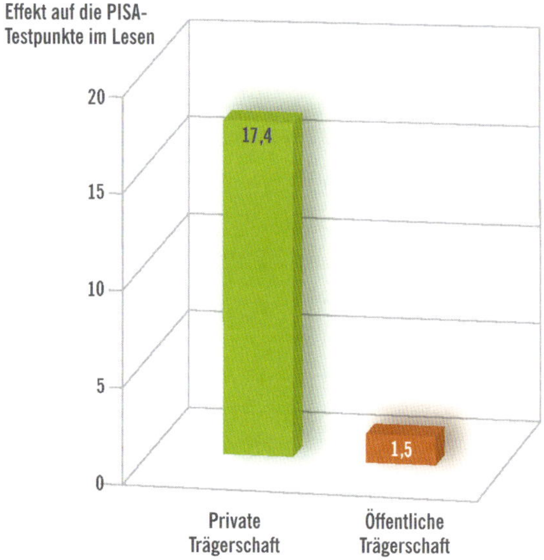

Charter Schools handelt es sich um relativ selbständige öffentliche Schulen, die den Eltern zusätzliche Wahlmöglichkeiten geben. Solche Schulen entstehen zumeist aus der Initiative von Eltern, einzelnen Lehrern oder anderen privaten Einrichtungen und werden von den zuständigen Behörden »gechartert«, um für eine öffentlich finanzierte Gebühr die Bildung von Schülern zu übernehmen. Charter Schools unterliegen einigen öffentlichen Regulierungen – so dürfen sie zum Beispiel keine Schüler zurückweisen, auch wenn diese aufgrund ihrer Vorgeschichte Probleme erwarten lassen, und sie dürfen keine zusätzlichen privaten Gebühren erheben. Ansonsten aber haben diese Charter Schools wesentlich mehr Freiheiten als traditionelle öffentliche Schulen und bieten oftmals ein abweichendes Schulprofil zum Beispiel hinsichtlich der Unterrichtsphilosophie an.

Eine weitere Form des Wettbewerbs sind öffentlich finanzierte Bildungsgutscheine, die bei der bevorzugten Schule eigener Wahl eingelöst werden können. Die Idee der Bildungsgutscheine geht auf den Ökonomie-Nobelpreisträger Milton Friedman zurück, der sie in den 1950er Jahren als Wettbewerbselement zur Verbesserung der Schulbildung entwickelt hat. Da bei solchen Gutscheinen das Geld mit der Wahlentscheidung der Eltern wandert, gegebenenfalls auch zu privat geleiteten Schulen, erzeugen sie direkte Anreize für die Schulen, ihre Schüler nicht zu verlieren bzw. durch gute Leistungen neue Schüler zu gewinnen. Die Ergebnisse mehrerer experimenteller Feldstudien in den USA zeigen, dass Bildungsgutscheine die akademischen Leistungen benachteiligter afroamerikanischer Schüler, die durch sie zu einer Privatschule wechseln konnten, wesentlich verbessert haben.[29]

Wo die Eltern die Wahl haben, ihre Sprösslinge entweder auf die lokale öffentliche Schule zu schicken oder aber auf die private Schule am Ort, entsteht ein Wettbewerb, der beide Schulen dazu motiviert, das Beste aus sich herauszuholen

Günstige Auswirkungen auf die Schülerleistungen konnten in den USA auch für stärkeren Wettbewerb zwischen öffentlichen Schulen nachgewiesen werden.[30] Ähnlich sieht es in englischen Schulen aus; und auch in Schweden sind positive Effekte von Wettbewerb durch unabhängig geleitete Schulen auf öffentliche Schulen belegt.[31]

Natürlich gibt es auch Vorbehalte gegen eine Implementierung von mehr Wettbewerb im Bildungsbereich durch privat geleitete Schulen. Kritiker befürchten vor allem, dass die Eltern von Schülern aus sozial schwachen Verhältnissen sich weniger mit der Auswahl einer guten Schule beschäftigen würden als andere, was sich für die ohnehin benachteiligten Schüler zusätzlich negativ auswirken würde.[32] Allerdings zeigen umfangreiche Simulationsstudien, dass es durch Gutscheinsysteme durchaus zu einer besseren Integration von

Schülern aus benachteiligten Familien kommen kann.[33] Und auch bei den hier berichteten internationalen Vergleichsstudien hat es sich erwiesen, dass Kinder aus sozioökonomisch schlechtergestellten Schichten mindestens genauso von dem Wettbewerb privat geleiteter Schulen mit öffentlicher Finanzierung profitieren wie Kinder mit einem guten sozioökonomischen Hintergrund. Wettbewerb ist also eine Flut, die alle Boote nach oben hebt – nicht nur die der Privilegierten.

Wettbewerb ist eine Flut, die alle Boote nach oben hebt – nicht nur die der Privilegierten

Natürlich ist noch mehr Forschung notwendig, bevor die Funktionsweise von Wettbewerb im Bildungssystem und die Umstände, die dessen Effekte bestimmen, umfassend verstanden sind. Eines aber zeigen die vorhandenen Ergebnisse schon jetzt klar und deutlich: Wettbewerb durch private Bildungsanbieter kann dem Leistungsniveau unserer Schulen nur gut tun.

Von Mythen zu Fakten: Wie bessere Leistungen zu schaffen sind

In institutionellen Reformen, die Anreize für einen effizienten Schulbetrieb und damit für eine bestmögliche Vermittlung schulischer Leistungen schaffen, liegen die wahren Chancen für das deutsche Schulsystem. Der Schlüssel dazu, das haben all die empirischen Analysen der verschiedenen internationalen Schülerleistungstests gezeigt, ist eine Kombinationsformel: Schüler schneiden dort besser ab, wo erstens Leistungsstandards extern überprüft werden, wo diese externen Prüfungen zweitens mit Schulselbständigkeit vor allem bei Prozess- und Personalentscheidungen verbunden werden und wo drittens Wettbewerb durch privat geleitete Schulen mit öffentlicher Schulfinanzierung verbunden wird.

Ein effizientes Schulsystem würde also vorgegebene Standards extern überprüfen und es gleichzeitig den Schulen überlassen, auf welchem Wege sie diese Standards am besten erreichen können. Und es würde den Staat die Schulbildung finanzieren lassen, die Aufgabe der Leitung der Schulen aber dem privaten Sektor übertragen, weil die Kombination von privater Schulleitung mit öffentlicher Finanzierung am meisten Wahlfreiheit und Wettbewerb und damit die besten Schülerleistungen bringt. Solche institutionellen Rahmenbedingungen schaffen Anreize für alle Beteiligten, möglichst gute Schülerleistungen hervorzubringen, indem sie leistungsförderndes und -hinderndes Verhalten mit entsprechenden Konsequenzen verbinden und damit die Beteiligten für ihr Tun verantwortlich machen. Das

Die fünf zentralen Befunde:

1. Schüler in Staaten und Bundesländern mit **externen Leistungsüberprüfungen** von vorgegebenen Lehrstandards schneiden in den internationalen Schülerleistungstests deutlich besser ab.
2. Die Leistungen der Schüler sind besser, wenn die Schule, auf die sie gehen, **selbständig** über die Auswahl des **Personals** und über Aufgaben des **Tagesgeschäftes** wie den Kauf von Lehrmitteln oder die Auswahl von Lehrbüchern entscheiden kann.
3. Am besten sind die Schülerleistungen, wenn externe Prüfungen mit einer Selbständigkeit der Schule – etwa in den Bereichen Lehrergehälter, Ressourcenverteilung und Lehrinhalte – **gepaart** werden.
4. Die durchschnittlichen Schülerleistungen sind höher in Ländern, die einen stärkeren **Wettbewerb** durch nicht-öffentlich geleitete Schulen haben.
5. Gleichzeitig schneiden Schüler in solchen Ländern besser ab, in denen alle Schulen größtenteils **öffentlich** und nicht privat **finanziert** werden.

alles zielt ausschließlich auf das Wohl der Schüler ab – und zwar aller Schüler, nicht nur der ohnehin schon guten.

Die in diesem und im vorangehenden Kapitel dargestellten Untersuchungen zeigen, dass eine heute erfolgreiche Schulpolitik keine einfache Additionsaufgabe sein kann: Immer mehr desselben – Geld, Lehrer, Computer – hat uns nicht weitergebracht. Wir müssen tiefer ansetzen; die institutionelle Struktur des Schulsystems muss Leistung auch jenseits moralischer Aspekte förderungswürdig machen. Wie ich hier gezeigt habe, könnte das ein Dreiklang von überprüften Standards, selbständigen Schulen und Wettbewerb leisten.

Schüler schneiden dort besser ab, wo Leistungsstandards extern überprüft werden, wo dies mit Schulselbständigkeit vor allem bei Prozess- und Personalentscheidungen verbunden wird und wo Wettbewerb durch privat geleitete Schulen mit öffentlicher Schulfinanzierung verbunden wird

Eine weitere anreizstiftende Maßnahme, die mangels Daten anhand der internationalen Vergleichstests nur schwerlich zu untersuchen ist, bestünde darin, Lehrern explizite Belohnungen dafür zu geben, wenn sie den Schülern besonders viel beibringen. So zeigt eine israelische Studie, dass finanzielle Anreize für Lehrer in Abhängigkeit von etwaigen Leistungssteigerungen ihrer Schüler bei diesen zu eindeutig besseren Leistungen geführt haben.[34] Auch eine Gruppe britischer Ökonomen konnte nachweisen, dass die Einführung von leistungsbezogener Vergütung in England nicht nur dem Bankkonto der jeweiligen Lehrer, sondern auch den Leistungen ihrer Schüler außerordentlich gut tat.[35] Um erfolgsabhängige Gehaltsbestandteile einzuführen, müsste man natürlich das Beamtenrecht anders nutzen oder aber generell auf eine Verbeamtung verzichten.

Hier wie auch in Bezug auf die anderen Reformen müssen wir uns fragen, wie viel institutionelle Trägheit wir uns noch leisten wollen.

5. Gleiche Chancen für alle?

»Weit mehr als 90 Prozent der Lehrkräfte an Bayerns Realschulen sprechen sich … uneingeschränkt für die Vorteile des gegliederten Schulwesens … aus.«

GEMEINSAME PRESSEERKLÄRUNG DES BAYERISCHEN REALSCHULLEHRERVERBANDES, DES BAYERISCHEN REALSCHULELTERNVERBANDES UND DER VEREINIGUNG BAYERISCHER REALSCHULDIREKTOREN

»Anstelle des frühen Sortierens muss das frühe Fördern treten.«

HEIDE SIMONIS
(ehem. Ministerpräsidentin von Schleswig-Holstein)

Wie gut ein Kind in der Schule lernt, hängt in hohem Maße von seinem familiären Hintergrund ab.[1] Das ist überall so, aber in Deutschland ganz besonders. Weil dieser Zustand ungerecht ist und eine gesellschaftliche und volkswirtschaftliche Katastrophe, befasst sich dieses Kapitel mit der Frage, wie wir ihn ändern können. In Zukunft muss jedes Kind die Chance haben, ein Leistungsniveau zu erreichen, das seinem Potential entspricht.

Das Ziel des Bildungssystems in einem Staat, in dessen Grundgesetz der Gleichheitsgrundsatz verankert ist, sollte es sein, die größtmögliche Chancengleichheit für alle Kinder zu verwirklichen, egal aus welchem Elternhaus sie kommen. Denn ungleiche Bildungsleistungen bleiben nicht im

Wie gut ein Kind in der Schule lernt, hängt in hohem Maße von seinem familiären Hintergrund ab; das ist überall so, aber in Deutschland ganz besonders

Klassenzimmer: Eine wichtige Folge ist die spätere Ungleichheit des wirtschaftlichen Wohlstands. Das zweite Kapitel hat gezeigt, dass internationale Unterschiede im Ausmaß der Ungleichheit der Einkommen weitgehend auf die Ungleichheit in den Bildungsleistungen zurückgeführt werden können. Es ist deshalb von großem Interesse, ob und wie die Bildungspolitik die Ungleichheit von Bildungschancen verringern kann.

Bildung erlangen die Schüler allerdings nicht nur in der Schule, sondern in ganz erheblichem Maße auch zu Hause. Schon vor der Einschulung fördern Eltern in unterschiedlichem Maße das spielerische Lernen ihrer Kinder. Auch während der Schulzeit wird der Lernerfolg des einen Kindes von seinem Elternhaus stark unterstützt, während ein anderes Kind diese Unterstützung nicht erhält. Das eine Kind erfährt zu Hause Hausaufgabenbetreuung, Nachhilfe oder einfach Lernmotivation, Wertschätzung von Bildung und die Diskussion bildungsrelevanter Themen – das andere bekommt nichts davon oder Schlimmeres.

Doch die Stärke des familiären Einflusses ist nicht unabänderlich. In einigen Ländern wirkt er sich weniger auf die Schülerleistungen aus, in anderen, wie in Deutschland, mehr. Seine Stärke spiegelt auch wider, wie durchlässig die verschiedenen »Schichten« einer Gesellschaft über die Generationen sind, wie stark also die Leistungen der Kinder – und als Folge davon ihre sozioökonomischen Zukunftschancen – von ihren Eltern abhängen.[2] Es gilt nun herauszufinden, ob diese internationalen Unterschiede in der Chancengleichheit systematisch mit der in diesen Ländern verfolgten Schulpolitik zusammenhängen. Aspekte, die in diesem Zusammenhang von Bedeutung sein könnten, sind das vorschulische Bildungssystem und die Mehrgliedrigkeit des weiterführenden Schulsystems, aber auch Faktoren wie Ganztagsschulen, das Ausgabenniveau und die private

Beteiligung im Schulsystem. (Während wir uns hier auf bildungspolitische Einflüsse beschränken, sollte allerdings nicht unerwähnt bleiben, dass auch verschiedene familienpolitische Maßnahmen dazu beitragen könnten, Kindern aus weniger begünstigten Familien die gleichen Chancen einzuräumen wie anderen.)

Unsere mikroökonometrischen Studien anhand der internationalen Schülerleistungstests, die den Gründen für die internationalen Unterschiede im Ausmaß der Ungleichheit der Bildungschancen nachgehen, zeigen, dass der Leistungsunterschied zwischen Kindern gut ausgebildeter Eltern und Kindern aus bildungsferneren Schichten in Ländern mit einem ausgebauten System frühkindlicher Bildung und mit einer später einsetzenden Aufteilung in unterschiedliche Schultypen durchgehend geringer ist – ohne dass darunter das Leistungsniveau leiden würde. Auch der Bundesländervergleich bestätigt diese Tendenz: Die Chancen sind dort gerechter verteilt, wo die Kinder später auf unterschiedliche Schulformen aufgeteilt werden und wo es nur zwei statt drei Schulformen gibt.

Es gilt herauszufinden, ob diese internationalen Unterschiede in der Chancengleichheit systematisch mit der in diesen Ländern verfolgten Schulpolitik zusammenhängen

Das kleine Einmaleins der Ungleichheit

Neben Informationen zur Testleistung enthalten die Datensätze des Schülerleistungstests TIMSS von 1995 und seiner Wiederholungsstudie TIMSS-Repeat von 1999 auch Informationen zum familiären Hintergrund von Schülern aus 54 Ländern. Dadurch ist es möglich, für jedes Land die Stärke des Einflusses des familiären Hintergrundes auf die Testleistung zu schätzen und diese Ergebnisse miteinander zu vergleichen. Als ein international vergleichbares Maß für den sozioökonomischen Hintergrund verwenden wir dabei die Anzahl der Bücher im Haushalt der Familie,[3] deren Verteilung Abbildung 5.1 einmal für Deutschland, England und Frankreich zeigt.[4]

5.1: Anzahl zu Hause verfügbarer Bücher

Anteile der jeweils nach der Anzahl der in ihrem Haushalt verfügbaren Bücher kategorisierten Schüler (von »0-10 Bücher« bis »mehr als 200 Bücher«) an der Gesamtheit der Schüler im jeweiligen Land.

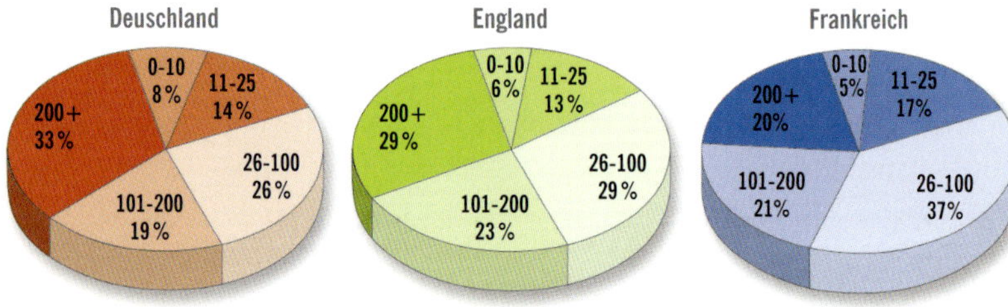

Wie bereits in den vorherigen Kapiteln diskutiert, ist es bei der Schätzung von Einflüssen einzelner Faktoren auf die Schülerleistungen von großer Bedeutung, die Einflüsse anderer bedeutsamer Faktoren wie Migrationshintergrund, Alter, Geschlecht und Familienstatus (ob mit einem Elternteil oder beiden zusammenlebend) herauszurechnen. In Deutschland schneiden etwa Kinder ausländischer Eltern auf der PISA-Skala über 70 Punkte schlechter ab als einheimische Schüler. Allerdings lässt sich auch zeigen, dass der immense Leistungsnachteil von Schülern mit Migrationshintergrund sich hauptsächlich auf den durchschnittlich niedrigen sozioökonomischen Status und das Bildungsniveau der Familie zurückführen lässt.[5] Zentral ist auch, ob die Einwandererkinder zu Hause Deutsch sprechen oder nicht. Damit der internationale Vergleich aber nicht dadurch verzerrt wird, dass einige Länder viel größere (und anders zusammengesetzte) Gruppen von Schülern mit Migrationshintergrund unterrichten als andere, konzentrieren wir uns im Folgenden auf den Einfluss des familiären Hintergrundes nur innerhalb der jeweils einheimischen Bevölkerung.

Das Maß für die Analyse der Chancenungleichheit in verschiedenen Ländern, die wir am ifo Institut durchgeführt haben, ist die Stärke des Einflusses des familiären Hintergrundes auf die mathematischen und naturwissenschaftlichen Schülerleistungen. Abbildung 5.2 stellt die Ergebnisse unserer Schätzungen für die OECD-Länder dar.[6] Die Ergeb-

5.2: Der Einfluss des familiären Hintergrundes auf die Leistungen ist bei deutschen Schülern besonders groß

Geschätzte Stärke des Einflusses des familiären Hintergrundes auf die TIMSS-Schülerleistungen in verschiedenen Ländern.

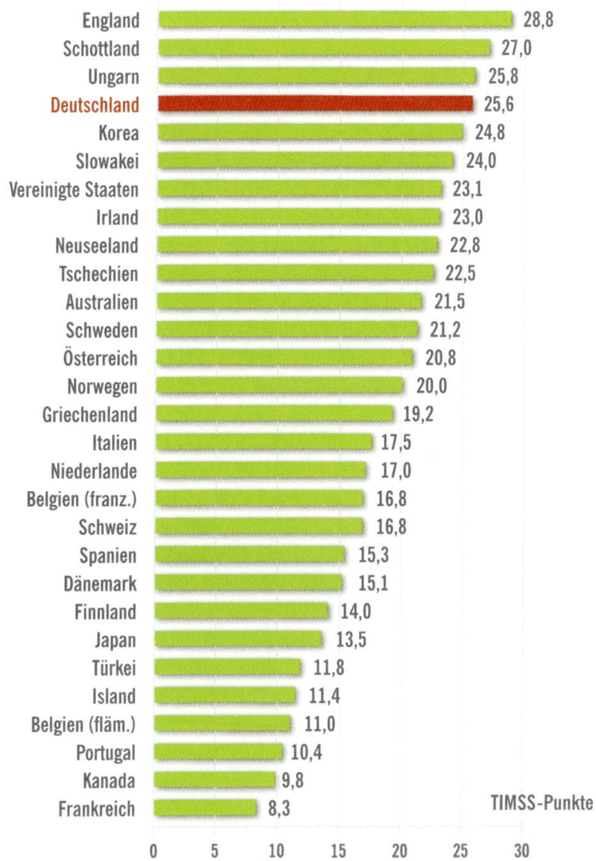

Die Testergebnisse zweier Schüler aus verschiedenen »Bücherkategorien« liegen in Deutschland durchschnittlich knapp 26 Punkte auseinander – das entspricht etwa dem Lernergebnis eines ganzen Schuljahres

nisse belegen zum einen den auch aus anderen Studien bekannten Befund, dass zwischen familiärem Hintergrund und Schülerleistungen ein starker Zusammenhang besteht. In jedem der betrachteten Länder weisen Schüler aus sozioökonomisch bessergestellten Familien einen deutlichen Leistungsvorsprung gegenüber Schülern aus sozioökonomisch schlechtergestellten Familien auf.[7] Zum anderen zeigen unsere Ergebnisse aber auch deutliche Unterschiede in der Chancengleichheit zwischen den betrachteten Ländern.

In jedem der betrachteten Länder weisen Schüler aus sozioökonomisch bessergestellten Familien einen deutlichen Leistungsvorsprung gegenüber Schülern aus sozioökonomisch schlechtergestellten Familien auf

Die Schätzungen geben Auskunft darüber, um wie viele Punkte sich die Testergebnisse der Schüler in dem jeweiligen Land durchschnittlich zwischen je zwei der fünf Bücher-Kategorien (keine Bücher, ein Regalbrett, ein Bücherregal, zwei Bücherregale, mehr Bücherregale) unterscheiden. Der geschätzte Einfluss des familiären Hintergrundes für Deutschland von knapp 26 Punkten ist demnach so zu interpretieren, dass der Unterschied im familiären Hintergrund, der zum Beispiel zwischen einer Familie mit einem Bücherregal und einer Familie mit zwei Bücherregalen besteht, sich für die betreffenden Kinder mit einem Unterschied von 26 TIMSS-Punkten in der Testleistung bemerkbar macht. Zum Vergleich: Der durchschnittliche Leistungsunterschied zwischen der siebten und achten Klasse beträgt in Deutschland 25 TIMSS-Punkte. Dieses »Jahrgangsstufenäquivalent« gibt an, wie viel die Schüler im Durchschnitt in einem Schuljahr lernen. Ein Kind, dessen Eltern zwei Bücherregale voller Bücher besitzen, ist in Deutschland im Durchschnitt also einem Kind, dessen Eltern nur ein Bücherregal füllen können, um ein ganzes Schuljahr voraus. Und ein Kind aus einer Familie mit mehr als zwei Bücherregalen ist einem gleichaltrigen Kind aus einer Familie ohne Bücher vier Schuljahre voraus!

Wie aus Abbildung 5.2 hervorgeht, liegt Deutschland auf Platz vier dieser traurigen Hitliste der Chancenungleichheit. Noch stärker hängt es in England (29 TIMSS-

Punkte), Schottland (27) und Ungarn (26) vom familiären Hintergrund ab, wie viel ein Kind in der Schule lernt, und auch in den USA (23) herrscht eine relativ große Chancenungleichheit. Relativ gute Chancen in der Schule hat ein durch seinen familiären Hintergrund benachteiligtes Kind hingegen in Frankreich (8), Kanada (10), Portugal (10) und im flämischen Schulsystem in Belgien (11). Auch das wegen seiner guten PISA-Ergebnisse oft diskutierte Finnland (14) bietet sozioökonomisch benachteiligten Kindern vergleichsweise gute Chancen.

Deutschland liegt auf Platz 4 der traurigen Hitliste der Chancenungleichheit: Bei uns ist ein Kind aus einer Familie mit mehr als zwei Bücherregalen einem gleichaltrigen Kind aus einer Familie ohne Bücher vier Schuljahre voraus!

» IRRTUM NR. 10:

In unseren Schulen stehen allen die gleichen Chancen offen.

Vergleicht man unser Maß der Chancenungleichheit für ausgewählte Länder mit dem Konzept des sozialen Gradienten, von dem in den Veröffentlichungen rund um PISA häufig zu lesen ist,[8] so zeigt sich ein recht ähnliches Bild. Die Steigung des sozialen Gradienten, wie sie in Abbildung 5.3 zu sehen ist, gibt an, wie stark die Schülerleistungen je nach wirtschaftlichem, sozialem und kulturellem Status der Schüler variieren. Maßstab für diesen Status ist ein spezieller von PISA definierter Index. Je größer die Steigung in einem Land, desto stärker ist dort der Einfluss des familiären Hintergrundes auf die Testleistungen der Schüler, und desto weniger wird das Prinzip der Chancengleichheit verwirklicht. Die Gradienten in Großbritannien (mit Nordirland), Ungarn und Deutschland, die nach unserem Maß die größte Chancenungleichheit aufweisen, haben auch in Abbildung 5.3 eine hohe Steigung. Für Frankreich, Kanada und Portugal, nach unserer Schätzung die OECD-Länder mit der größten Chancengleichheit in den Schulen, zeigen sich auch in Abbildung 5.3 relativ flach verlaufende Gradienten. Auch der Verlauf der Gradienten in den USA und Finnland steht mit unseren Ergebnissen in Einklang. (Zu bedenken ist allerdings, dass dem Konzept des sozialen Gradienten nur eine einfache Betrachtungsweise zugrunde liegt, die weitere potentielle Einflussfaktoren wie zum Beispiel die Größe der Migrationsbevölkerung nicht herausrechnet.)

Was können wir tun, damit unser Schulsystem gerechter wird? Denn dass wir etwas tun könnten, ist angesichts der vielen Staaten, in denen es auch sozial benachteiligten Schülern möglich ist, hohe Bildungsleistungen zu erzielen, nicht zu leugnen. Was aber sind die Ursachen für diese Unterschiede?

Je steiler der »soziale Gradient« ansteigt, desto ausgeprägter ist die Chancenungleichheit im jeweiligen Land; je höher er verläuft, desto besser sind die durchschnittlichen Leistungen

5.3: Auch beim sozialen Gradienten zeigt sich die Ungleichheit der Chancen in Deutschland

Zusammenhang zwischen Mathematikleistungen und dem wirtschaftlichen, sozialen und kulturellen Status der Schüler in PISA 2000.

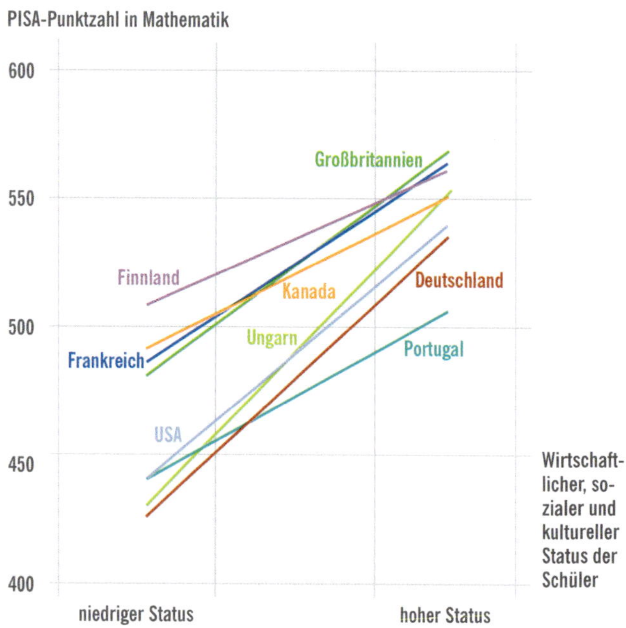

Früh übt sich

Bevor Kinder die erste Bildungseinrichtung besuchen, wird ihre Entwicklung vor allem durch die Familien bestimmt, und die sind nun einmal unterschiedlich. Mit dem Besuch von Kindergarten und Schule kommt dann ein vergleichsweise neutraler Faktor ins Spiel, der zusätzlich zur Familie auf die Entwicklung des Kindes einwirken oder aber ausgleichen kann, wo der familiäre Einfluss das Lernen nicht fördert. Hilft also ein möglichst früher Besuch von vorschulischen Bildungsinstitutionen, zu denen auch die deutschen Krippen und Kindergärten gehören, der Chancengleichheit auf die Sprünge?

Wir können dies berechnen, indem wir die Chancengleichheit in Ländern mit stark und schwach ausgebauten vorschulischen Bildungssystemen vergleichen.[9] Betrachten wir zum Beispiel den Einfluss einer Änderung der vorschulischen Besuchsquoten – also des Anteils der Kinder, die schon vor der Schule Betreuungseinrichtungen besuchen – von 60 Prozent (z.B. in der Schweiz oder den USA) auf 100 Prozent (z.B. in Dänemark oder den Niederlanden): Eine solche Änderung würde nach unseren Berechnungen durchschnittlich mit einer Verringerung des oben berechneten Einflusses des familiären Hintergrundes um 4,4 TIMSS-Punkte einhergehen.[10] Diese Veränderung entspricht einem vollen Viertel des gesamten familiären Einflusses im Durchschnitt der OECD-Länder (der knapp 18 TIMSS-Punkte beträgt).

Je mehr Kinder eine vorschulische Einrichtung besuchen und je länger der Besuch, desto geringer ist die Chancenungleichheit

Auch die Dauer des Vorschulprogramms zeigt international Wirkung. Der Einfluss des familiären Hintergrundes sinkt mit zunehmender offizieller Dauer des Vorschulprogramms deutlich. Je länger der Besuch einer vorschulischen Einrichtung, desto geringer die Chancenungleichheit: Pro zusätzlichem Jahr in vorschulischer Betreuung verringert sich die Stärke des familiären Einflusses um 1,3 Punkte.[11]

Die Effekte sowohl der Erhöhung der Besuchsquote als auch der Dauer der vorschulischen Bildung werden in Abbildung 5.4 veranschaulicht. Die Ergebnisse zeigen, dass der Einfluss des familiären Hintergrundes auf die Schülerleistungen, der in Deutschland knapp 26 TIMSS-Punkte ausmacht, durch eine Erhöhung der deutschen Besuchsquote im Vorschulbereich von 90 Prozent auf 100 Prozent um 2,3 und durch eine Verlängerung der Dauer der vorschulischen Bildung um ein Jahr um 1,3 Punkte gesenkt werden könnte. Der Statistik nach könnten beide Maßnahmen den Einfluss des familiären Hintergrundes in Deutschland also um 3,6 Punkte oder 14 Prozent senken.

Unsere Befunde untermauern also die Empfehlung der Wirtschaftsweisen[12] zum »Ausbau eines kostenlosen, aber auch verpflichtenden Förder- und Betreuungsangebots ... im Vorschulbereich«. Nationale Befunde aus den USA und Großbritannien weisen ebenfalls darauf hin, dass frühkindliche Bildung mittels vorschulischer Bildungsprogramme sehr erfreuliche Auswirkungen auf die langfristigen Bildungs- und Arbeitsmarkterfolge hat, gerade für Kinder aus problematischen Familienverhältnissen.[13]

» IRRTUM NR. 11:

Der Kindergarten ist zum Spielen da, nicht zum Lernen.

Eine deutsche Analyse findet vor allem für Kinder mit Migrationshintergrund einen Zusammenhang zwischen Kindergartenbesuch und der Wahl der weiterführenden Schule.[14] Der Grund dafür mag sein, dass gerade für Kinder, bei denen zu Hause kein Deutsch gesprochen wird, der Besuch einer deutschsprachigen Einrichtung einen besonderen Vorteil darstellt – auch wenn Krippen und Kindergärten in Deutschland kaum einen Bildungsauftrag wahrnehmen, sondern haupt-

5.4: Einfluss möglicher bildungspolitischer Maßnahmen auf die Chancenungleichheit

Geschätzte Auswirkung auf die durch den familiären Hintergrund verursachte Chancenungleichheit.

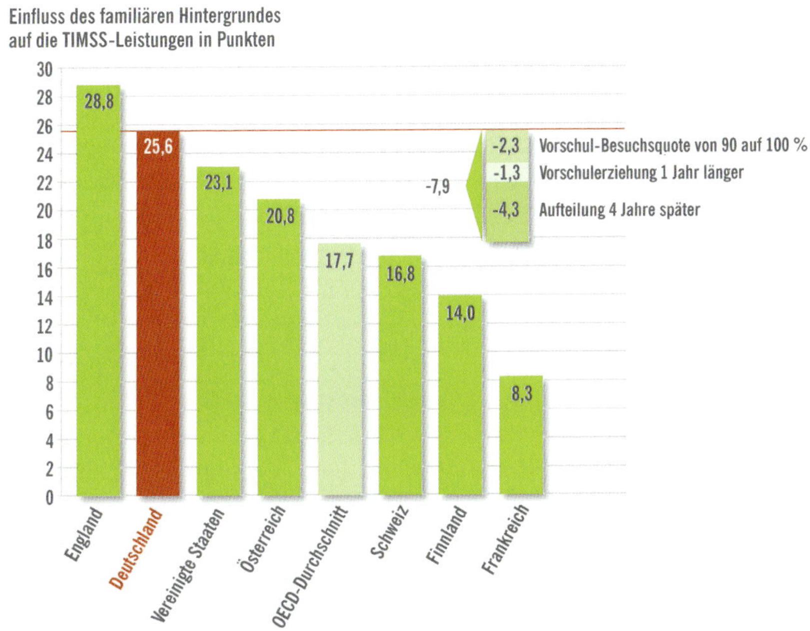

sächlich Betreuungsfunktion haben.[15] Selbst in Deutschland wirkt sich aber der Kindergartenbesuch positiv auf die PISA-Leistungen aus – ein Effekt, der vermutlich noch größer sein könnte, wenn wir die Krippen und Kindergärten zur konkreten Bildungsförderung nutzen würden.

Der Wirtschaftsnobelpreisträger James Heckman leitet aus den positiven Auswirkungen der vorschulischen Bildung ab, dass ein früher Start ins Lernen das spätere Lernen leichter macht. Je früher bildungspolitische Maßnahmen einsetzen, desto größer sind die Früchte, die sie schließlich tragen.[16]

Alles deutet darauf hin, dass es die Chancen sozial benachteiligter Kinder deutlich verbessern würde, wenn der

Auch die zehn Prozent der Kinder in Deutschland, die nicht in den Kindergarten gehen und unter denen sich gerade die sozial Schwächsten sammeln, sollten in den Genuss frühkindlicher Bildung kommen

Besuch einer vorschulischen Bildungseinrichtung obligatorisch würde – und zwar ausdrücklich einer Bildungs-, nicht einer reinen Betreuungseinrichtung. Der Kindergartenbesuch ist in Deutschland mit einer Quote von 90 Prozent schon weit verbreitet. Das ist zwar gut – aber es kommt gerade darauf an, dass auch noch die verbleibenden zehn Prozent, unter denen sich zu einem großen Teil die sozial Schwächsten sammeln, noch in den Genuss frühkindlicher Bildung kommen. Und auch dann noch verschenken wir das Potenzial des Kindergartenbesuchs, wenn wir die Kleinen nicht schon dort spielerisch ans Lernen heranführen.

Wie man Chancen früh verbaut

In den meisten deutschen Bundesländern werden die Kinder nach der vierten Klasse im Alter von etwa zehn Jahren je nach Leistungsfähigkeit oder Wünschen der Eltern auf Hauptschule, Realschule und Gymnasium aufgeteilt. Das ist eine Vorgehensweise, die vor allem Schülern aus sozioökonomisch schwachen Familien schadet und die Gleichheit der Bildungschancen verringert.[17] Denn je mehr Zeit der schulischen Erziehung gegeben wird, eventuelle Benachteiligungen durch den familiären Hintergrund auszugleichen, desto besser für die Chancengleichheit.

Tatsächlich findet in den meisten anderen entwickelten Staaten eine Aufteilung der Schüler auf verschiedene Schulformen erst im Alter von 15 oder 16 Jahren statt. Die Schüler dort sind also zum Zeitpunkt der TIMSS-Tests (bei denen die Schüler in der Regel 13 bis 14 Jahre alt sind) noch nicht »sortiert« worden, sondern werden bis zur achten oder gar bis zur zehnten Klasse zusammen in derselben Schule unterrichtet.

Unsere umfassende Untersuchung der TIMSS-Tests belegt, dass es im internationalen Vergleich in der Tat einen klaren Zusammenhang zwischen Chancenungleichheit und dem Alter der Schüler bei ihrer Aufteilung auf verschiedene Schulformen gibt. Die Chancenungleichheit sinkt mit zunehmendem Alter der Schüler bei der ersten schulischen Sortierung. Je früher Schüler also in unterschiedliche Schulformen aufgeteilt werden, umso größer ist der familiäre Einfluss auf die erzielten Schülerleistungen. Gleichzeitig hat der Zeitpunkt der Aufteilung aber keinen Einfluss auf die durchschnittlichen Leistungen – die höhere Chancengleichheit bei späterer Aufteilung geht also nicht auf Kosten des Leistungsniveaus.

» IRRTUM NR. 12:

Je eher man die Kinder nach ihrer Begabung trennt, desto besser fürs Lernen.

Jedes Jahr, um das die Sortierung von Schülern in verschiedene Schulformen aufgeschoben wird, verringert die Stärke des familiären Einflusses auf die Testleistungen um etwas mehr als einen TIMSS-Punkt. Verschiebt man das Alter der Schüler zum Zeitpunkt der ersten schulischen Selektion also um vier Jahre (etwa von zehn Jahren wie in den meisten deutschen Bundesländern auf zumindest 14 Jahre wie in vielen anderen Ländern), so sinkt die Stärke des Einflusses des familiären Hintergrundes auf die Testleistungen um 4,3 Punkte (vgl. Abbildung 5.4) – immerhin rund ein Viertel des gesamten Einflusses des familiären Hintergrundes auf die Schülerleistungen im Durchschnitt der OECD-Länder und 17 Prozent des familiären Einflusses in Deutschland.

Je früher Schüler in unterschiedliche Schulformen aufgeteilt werden, umso größer ist der familiäre Einfluss auf die erzielten Schülerleistungen

Auch wenn die Aufteilung auf Hauptschule, Realschule und Gymnasium überall in Deutschland vergleichsweise früh geschieht, so gibt es doch auch leichte Unterschiede zwischen den Bundesländern. In Brandenburg und Berlin gibt es eine sechsjährige Grundschule, und erst danach werden die Schülerinnen und Schüler auf die verschiedenen Schultypen aufgeteilt, während die Sortierung in allen anderen Bundesländern bereits nach der vierten Klasse erfolgt (zum Teil zunächst mit einer Orientierungsstufe). Als Maß der Chancengleichheit im Bundesländervergleich steht in PISA-E 2003 der soziale Gradient zur Verfügung, wie wir ihn für den internationalen Vergleich schon in Abbildung 5.3 kennen gelernt haben.[18] Um einen fairen Vergleich der Bundesländer zu ermöglichen, wird der Umstand, dass Bundesländer mit einer sozioökonomisch homogeneren Bevölkerung (im Gegensatz zu den Stadtstaaten) und mit einer höheren Wirtschaftskraft tendenziell ausgeglichenere Bildungschancen erreichen, herausgerechnet.

Die höhere Chancengleichheit bei späterer Aufteilung geht nicht auf Kosten des Leistungsniveaus

Wie Abbildung 5.5 belegt, weisen die beiden Bundesländer mit späterer Aufgliederung, Brandenburg und Berlin, einen geringeren sozialen Gradienten auf als jedes einzelne andere Bundesland. Der Zusammenhang zwischen Schülerleistungen und sozioökonomischem Status der Familie ist also eindeutig geringer in den beiden Bundesländern mit späterer Aufteilung: Kinder aus sozial schwachen Schichten haben eine fairere Chance, wenn die Mehrgliedrigkeit erst später einsetzt. Und auch hier zeigt sich, dass dies nicht auf Kosten des Leistungsniveaus geht.[19]

Doch nicht nur der Zeitpunkt der Aufteilung, sondern auch die Anzahl der verschiedenen Schultypen unterscheidet sich zwischen den Bundesländern. So haben etwa das Saarland, Sachsen, Sachsen-Anhalt und Thüringen nur zwei Schultypen – neben dem Gymnasium nur eine weitere Sekundarschule. Auch das hat einen positiven Einfluss auf die Chancengleichheit: In Bundesländern mit weniger Schultypen ist die Chancengleichheit für Kinder aus sozial schwachen Schichten höher, ohne dass das Leistungsniveau beeinträchtigt wird. Denn insbesondere, wenn nur noch ein geringer Anteil der Schülerinnen und Schüler die Hauptschule besucht, sieht es schlecht aus mit der Chancengleichheit für ebendiese Kinder und Jugendlichen.[20]

5.5: Spätere Aufteilung verringert die Ungleichheit der Chancen

Einfluss des familiären Hintergrundes auf die PISA-E-2003-Mathematikleistungen, nach Herausrechnung weiterer Einflussfaktoren.

Der Einfluss des familiären Hintergrundes ist durchgehend größer in Bundesländern, die schon nach der 4. Klasse aufteilen

In Bundesländern mit weniger Schultypen ist die Chancengleichheit für Kinder aus sozial schwachen Schichten höher, dagegen gibt es keinen Unterschied in der Chancengleichheit oder dem Leistungsniveau zwischen Bundesländern mit und ohne Gesamtschulen

Demgegenüber lässt sich jedoch kein systematischer Unterschied in der Chancengleichheit oder dem Leistungsniveau zwischen Bundesländern mit und ohne Gesamtschulen belegen.[21] Bei Berücksichtigung weiterer Einflussfaktoren erzielen die Schüler in Bundesländern mit Gesamtschulen im Landesdurchschnitt keine schlechteren Leistungen. Gesamtschulen neben die existierenden Schultypen zu stellen, bringt allerdings auch keine Vorteile: Das ursprüngliche Ziel, die Chancengleichheit zu verbessern, erreichen sie nicht. Denn der entscheidende Unterschied zwischen dem prinzipiell länger zusammen erteilten Unterricht anderer Länder und den in Deutschland anzutreffenden Gesamtschulen besteht darin, dass diese als weiterer Schultyp neben die anderen treten. So gibt es dann im Zweifelsfall sogar vier unterschiedliche Schultypen, auf die die Schüler sich aufteilen. Betrachtet man die deutschen Bundesländer zusammen mit den OECD-Staaten in Bezug auf die Chancengleichheit in PISA, so ergibt sich, dass sich weder die Auswirkung der frühen Aufteilung noch die Auswirkung der Anzahl der verschiedenen Schultypen in der größe ihres Effektes zwischen den beiden Betrachtungsgruppen unterscheidet. Wiederum gilt also: Was im internationalen Vergleich gilt, gilt genauso in Deutschland.[22]

In der Grundschule gibt's noch kein Problem

Aber können wir sicher sein, dass tatsächlich die frühe Aufteilung der Kinder auf die verschiedenen Schultypen die Ursache für die größere Chancenungleichheit ist? Könnte es nicht auch einfach nur so sein, dass Länder, die generell schon eine höhere Ungleichheit aufweisen, aus irgendeinem Grund früher die Mehrgliedrigkeit einführen? Zusammen mit Eric Hanushek von der Stanford Universität habe ich die folgenden Überlegungen angestellt, um diese Frage zu beantworten: In *allen* Ländern werden die Schüler ja in den ersten vier Schuljahren (der deutschen Grundschule) in einem einheitlichen Schultyp unterrichtet. Erst danach wird in einigen Ländern sortiert und in anderen nicht. Deshalb kann ein Vergleich der *Veränderung* der Ungleichheit zwischen dem Ende der vierten Klasse und später Mittelstufe umso zuverlässigere Aussagen über mögliche Auswirkungen der frühen Trennung machen. Das Ausmaß an Ungleichheit in den Schülerleistungen, das in einem Land bereits im vierten Schuljahr besteht, kann nicht durch die Mehrgliedrigkeit hervorgerufen sein. Daher bietet es sich an, dieses generelle Niveau der Ungleichheit in jedem Land herauszurechnen und nur die nach der vierten Klasse einsetzende Veränderung der Ungleichheit zu betrachten.[23]

Eine Rangliste der Länder nach dieser Veränderung der Ungleichheit zwischen Ende der Grundschule (getestet durch die IGLU-Studie) und Ende der Mittelstufe (gestestet durch die PISA-Studie) ist in Abbildung 5.6 dargestellt.[24] Sowohl IGLU als auch PISA haben die Lesekompetenzen von Schülern untersucht – IGLU in der vierten Klasse, PISA im Alter von 15 Jahren, also gegen Ende der Mittelstufe.

Es zeigt sich eindeutig, dass die Ungleichheit in Ländern, die ihre Schüler zwischen zehn und 15 Jahren in verschiedene Schulformen aufteilen (in der Abbildung in roter Farbe), stärker ansteigt als in Ländern, die ihre Schüler nicht trennen.[25] Deutschland ist auch hier wieder trauriger Spitzenreiter und erweist sich als das Land, in dem die Ungleichheit zwischen dem Ende der Grundschule und dem Ende der Mittelstufe am stärksten von allen betrachteten Ländern ansteigt. Von allen betrachteten Ländern sind in Deutschland zum Ende der Mittelstufe die Leistungen der Schüler am unterschiedlichsten. Die deutschen Grundschüler hingegen erbringen durchaus noch keine außergewöhnlich ungleichen Testleistungen: In der vierten Klasse zeigen

In Deutschland steigt die Ungleichheit zwischen Ende der Grundschule und Ende der Mittelstufe unter allen Ländern am stärksten an

Grün:
Alle Schüler werden mit 15 Jahren noch zusammen unterrichtet

Rot:
Die Schüler sind zwischen Grundschule und dem Alter von 15 Jahren auf verschiedene Schultypen sortiert worden

5.6: In Deutschland steigen die Unterschiede zwischen den besten und den schlechtesten Schülern in der Mittelstufe am stärksten an

Rangliste nach Stärke des Anstiegs der Ungleichheit zwischen vierter Klasse und dem Alter von 15 Jahren.

1. Deutschland
2. Griechenland
3. Tschechien
4. Italien
5. Schweden
6. Lettland
7. Niederlande
8. Frankreich
9. Russland
10. Ungarn
11. Island
12. Slowakei
13. Hongkong
14. Norwegen
15. Vereinigte Staaten
16. Kanada
17. Neuseeland
18. Türkei

die Schüler im internationalen Vergleich sogar noch überdurchschnittlich ausgeglichene Leistungen!

Damit ist klar, dass ein wichtiger Grund für die großen Leistungsdifferenzen verschiedener Schüler in der frühen Sortierung des deutschen Schulsystems liegt.

Gleichzeitig zeigen unsere Befunde auch, dass die frühe Selektion nicht mit einem stäkeren Anstieg des durchschnittlichen Leistungsniveaus der Schüler einhergeht. Und noch mehr: Offenbar schneiden nicht einmal die besten 25 Prozent, oder gar nur die besten fünf Prozent, der Schüler besser ab, wenn die Aufgliederung früh erfolgt. Die höhere

Chancengleichheit für benachteiligte Kinder geht also keineswegs zu Lasten der besten Schüler.

Sicher würde kaum jemand öffentlich dagegen protestieren, für alle Kinder, ganz gleich, aus welchen Familien sie kommen, die gleichen Chancen zu schaffen – in der Schule und damit auch im späteren Leben. Dennoch ist der Protest jedes Mal groß, wenn an der frühen Dreigliedrigkeit des Schulsystems gerüttelt wird. Wie soll das zusammenpassen?

Was sonst noch Einfluss hat – und was nicht

Zusammen erklären die Besuchsquote im vorschulischen Bildungssystem, die Dauer des vorschulischen Bildungssystems und die frühe Aufteilung auf unterschiedliche Schultypen über 40 Prozent der internationalen Unterschiede der von uns gemessenen Chancenungleichheit.[26] Gibt es weitere Eigenschaften des Schulsystems, die sich auf die Chancengleichheit auswirken?

Ob in einem Land in Ganztags- oder in Halbtagsschulen unterrichtet wird, scheint für die Chancengleichheit keine Rolle zu spielen

Offenbar steht mit der Chancengleichheit weder in Zusammenhang, wie hoch das durchschnittliche Leistungsniveau ist, noch wie viel die Menschen in den jeweiligen Ländern verdienen, noch wie viel sie für das Schulsystem ausgeben. Auch die Länge des Schultages wirkt sich nicht darauf aus, wie stark der Einfluss des familiären Hintergrundes auf die Schülerleistungen ist: Ob in einem Land in Ganztags- oder in Halbtagsschulen unterrichtet wird, scheint dafür keine Rolle zu spielen.[27]

Einen Zusammenhang gibt es aber offensichtlich zwischen dem Ausmaß privater Schulträgerschaft und -finanzierung und der Chancengleichheit. Es zeigt sich, dass der Einfluss des familiären Hintergrundes mit dem Anteil der aus privaten Quellen stammenden Bildungsausgaben an den gesamten Bildungsausgaben steigt. Demgegenüber sinkt er mit dem Anteil der Schüler, der in privat geleiteten Schulen unterrichtet wird.[28] In Bildungssystemen, die einen höheren Anteil privater Bildungsausgaben aufweisen, ist also die Ungleichheit größer, während ein höherer Anteil von Schulen in privater Trägerschaft die Ungleichheit zu reduzieren scheint. Wie schon bei den im vorherigen Kapitel betrachteten Niveaueffekten wirken sich also private Finanzierung und private Trägerschaft genau entgegengesetzt aus. Private Finanzierung – also zum Beispiel ein hoher Anteil von Privatschulen, für die die Eltern Schulgeld zahlen müs-

5.7: Der Bundesländervergleich ergibt: Je mehr privat geleitete Schulen, desto geringer die Chancenungleichheit

Zusammenhang zwischen dem Anteil der Schüler in privaten Bildungseinrichtungen an allen Schülern und dem Einfluss des familiären Hintergrundes auf die PISA-E-2003-Mathematikleistungen, nach Herausrechnung weiterer Einflussfaktoren.

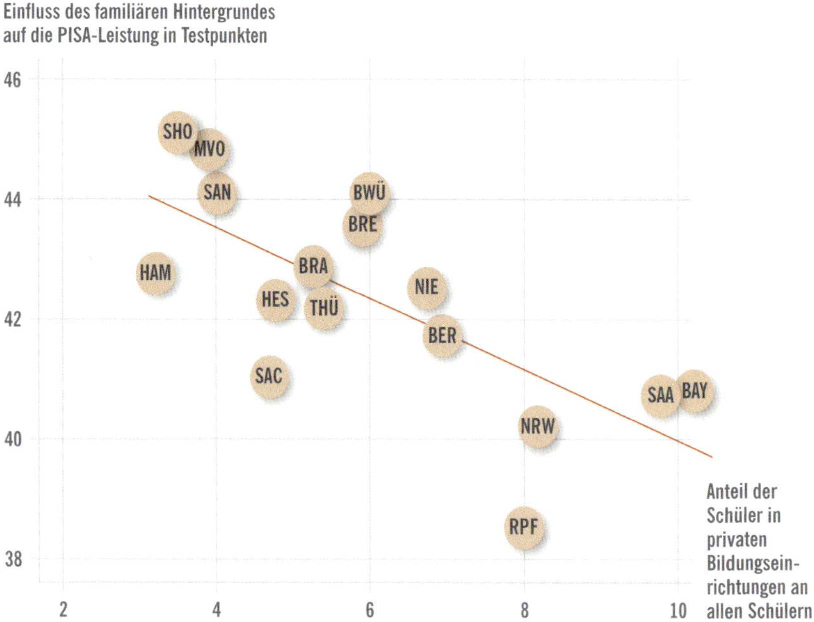

sen, was sich sozioökonomisch schlechter gestellte Familien nicht leisten können – verringert die Chancen von Kindern aus ärmeren Familien. Damit erhöht sich die Ungleichheit, und das durchschnittliche Leistungsniveau sinkt. In privat geleiteten Schulen aber wird offenbar gerade auf die Leistungen der benachteiligten Schüler geschaut, vielleicht damit diese nicht den Ruf der Schule gefährden. Die Folge ist, dass dort sowohl das durchschnittliche Niveau höher als auch die Ungleichheit geringer sind.

Dass private Schulträgerschaft die Chancengleichheit erhöhen kann – und nicht wie von diversen Interessenverbänden behauptet verringert –, sieht man ebenso im Vergleich der deutschen Bundesländer. Wie aus Abbildung 5.7 ersichtlich wird, geht ein höherer Anteil von Schulen in nichtstaatlicher Trägerschaft in Deutschland systematisch mit ausgeglicheneren Chancen einher. In Deutschland könnte das zum Beispiel darauf zurückzuführen sein, dass Gymnasien in kirchlicher Trägerschaft Eltern aus bildungsfernen Schichten eher dazu bewegen, ihre leistungsfähigen Kinder auf ein Gymnasium zu schicken, indem sie sie mit traditionellen kirchlichen Werten ansprechen und ihnen durch stärkere Unterstützung die Angst vor höherer Bildung nehmen.

Von Mythen zu Fakten: Gleiche Chancen für alle?

Ein umfassendes System frühkindlicher Bildung und eine spätere und weniger ausgeprägte schulische Sortierung der Schüler kann die Ungleichheit der Bildungschancen also verringern – in Deutschland um ein ganzes Drittel!

Ein umfassendes System frühkindlicher Bildung und eine spätere und weniger ausgeprägte schulische Sortierung der Schüler kann die Ungleichheit der Bildungschancen um ein ganzes Drittel verringern!

Sowohl in Ländern, in denen nahezu alle Kinder eine vorschulische Einrichtung besuchen, als auch in Ländern, in denen der Besuch dieser Einrichtung sehr früh einsetzt, sind die Bildungschancen deutlich ausgewogener. Das spricht nicht nur für die ausgleichende Wirkung eines alle sozialen

Die fünf zentralen Befunde:

1. In Deutschland hängen die schulischen Leistungen in weit höherem Maße vom jeweiligen **familiären Hintergrund** der Schüler ab als in den meisten anderen Ländern.
2. In Ländern mit einem stärker ausgebauten **frühkindlichen Bildungssystem** – sowohl in Bezug auf den Anteil der Kinder, die eine vorschulische Bildungsinstitution besuchen, als auch in Bezug auf die Dauer – sind die Schülerleistungen weniger vom jeweiligen familiären Hintergrund abhängig.
3. Eine **spätere Aufteilung** der Schüler auf verschiedene Schulformen und eine kleinere Anzahl der Schulformen verringern die Ungleichheit der Bildungsleistungen.
4. Bildungsausgaben, wirtschaftlicher Entwicklungsstand oder Halbtags- im Gegensatz zu Ganztagsschulsystemen haben **keinen Einfluss** auf die Abhängigkeit der Schülerleistungen vom familiären Hintergrund.
5. In Ländern, in denen die Schüler aus unterschiedlichen Familien weniger ungleiche Leistungen aufweisen, ist das **Leistungsniveau** nicht systematisch schlechter oder besser, und auch die besten Schüler schneiden in gegliederten Schulsystemen nicht besser ab.

Schichten umfassenden Systems frühkindlicher Bildung. Es deutet auch die Chancen an, die aus einem stärkeren Bildungsauftrag der Krippen und Kindergärten entstehen könnten, wie er etwa im umfassenden System der »Écoles maternelles« in Frankreich gegeben ist. Dort sind die Bildungschancen besonders ausgeglichen. Demgegenüber weist etwa die OECD[29] darauf hin, dass in Deutschlands Kindergärten erhebliche Mängel vorliegen, so etwa bei der Klarheit und Überprüfung von Zielen und Standards, bei der Vorbereitung auf die Schule und bei der Kontinuität des Lernens zwischen Kindergarten und Grundschule.

Das Potential, das in der frühkindlichen Bildung steckt, wird in deutschen Krippen und Kindergärten nicht zur Genüge ausgeschöpft. Dabei geht es nicht darum, die Kleinen schon im Kindergarten Lern- und Leistungsdruck auszusetzen, sondern lediglich um die Integration eines »spielenden Lernens« in den Tagesablauf. In einigen Bundesländern kommen derzeit Bildungspläne für Kindergärten auf. Würden sie tatsächlich umgesetzt, wäre das sehr zu begrüßen. Sicherlich muss dafür darüber hinaus aber etwa auch die Ausbildung der Erzieherinnen und Erzieher entsprechend erweitert und aufgewertet werden. Die frühkindliche Bildung ist zu wichtig, als dass man Krippen und Kindergärten nur als »Kinderaufbewahrungsstätten« betrachten darf.

Letztlich erzielen wir nur Fortschritte, wenn wir die Aufteilung der Schüler deutlich nach hinten verlegen

Wenn die Kinder dann im Schulsystem sind, haben sowohl die internationalen Untersuchungen als auch der Bundesländervergleich gezeigt: Je später die Kinder auf unterschiedliche Schultypen aufgeteilt werden, desto weniger hängt der Bildungserfolg vom jeweiligen familiären Hintergrund ab. Trotz der vielfach beschworenen Durchlässigkeit zwischen den Schultypen hat die frühe Selektion offensichtlich bleibende negative Konsequenzen. Ein erster, wenn auch wohl nur kleiner Schritt in die richtige Richtung könnte darin bestehen, den Übertritt zwischen den verschiedenen Sekundar-Schultypen durch eine bessere Abstimmung weiter zu erleichtern. Aber letztlich erzielen wir wirkliche Fortschritte nur, wenn wir die Aufteilung der Schüler deutlich nach hinten verlegen. Deshalb haben auch die deutschen Gesamtschulen die Ungleichheit nicht verringert, die ebenfalls nach der vierten Klasse als weiterer Schultyp neben die anderen traten. Was wir wirklich brauchen, ist ein gemeinsames Lernen für alle Kinder einer Jahrgangsstufe viel länger als bisher.

Darüber hinaus gilt im internationalen wie im Bundesländervergleich: Wo es nach der Aufteilung nicht drei, sondern nur zwei Schultypen gibt, haben Kinder aus sozial schwachen Familien bessere Chancen. Die frühe Versammlung von Kindern aus bildungsfernen Familien in gesonderten Schulen scheint eine Perspektivlosigkeit zu befördern, die dem Erlernen von existentiellen Basiskompetenzen ganz erheblich schadet und die Perspektivlosigkeit wiederum bestätigt. Natürlich ist die Hauptschule durchaus nicht überall in Deutschland zu einer perspektivlosen »Restschule« verkommen. So tragen etwa in Bayern hohe Leistungsstandards und ein Hauptschulanteil von über einem Drittel der Schüler dazu bei, dass viele Hauptschulabsolventen ansprechende Arbeitsmarktperspektiven haben. Aber in Bundesländern, in denen nur noch ein kleiner Anteil der Schüler die Hauptschule besucht, könnte durch eine Verringerung der Schultypen die Ausgrenzung leistungsschwacher Schüler gestoppt werden. Insgesamt wird in Deutschland offenbar viel zu vielen Jugendlichen, die ihren Begabungen nach das Zeug zu einer guten Berufs- oder sogar Hochschulbildung hätten, der Weg dorthin schon im Kindesalter weitgehend verbaut. Das erzeugt Frustrationen, die sich leicht auch durch Gewalt ihren Weg nach außen bahnen.

Mittlerweile kann man die Prognose wagen, dass es die Hauptschule in ihrer traditionellen Form außerhalb Bayerns in zehn Jahren vielleicht gar nicht mehr geben wird

Deshalb ist es zu begrüßen, dass seit kurzem immer mehr Bundesländer den Schritt von einem drei- zu einem zweigliedrigen Schulsystem machen wollen. Seit die konservativ regierten Schleswig-Holstein und Hamburg diesen Weg beschritten haben, scheint ein Bann gebrochen. So gibt es jetzt auch in Berlin klare Tendenzen in diese Richtung, und der öffentliche Protest von rund 100 badenwürttembergischen Schulleitern gegen das dreigliedrige System zeigt die Breite, auf der hier traditionelle Strukturen bröckeln. Die demographische Entwicklung tut das Ihrige hinzu: In vielen ländlichen Gebieten wird es in absehbarer Zeit gar nicht mehr genügend Schüler geben, als dass eine flächendeckende Versorgung mit drei Schultypen sichergestellt werden könnte. Was noch vor ein paar Jahren undenkbar schien, ist es auf einmal nicht mehr: Mittlerweile kann man die Prognose wagen, dass es die Hauptschule in ihrer traditionellen Form außerhalb Bayerns in zehn Jahren vielleicht gar nicht mehr geben wird – und selbst in Bayern gibt es offensichtlich mittlerweile mancherorts Probleme, diese zu füllen.

In der ideologiegeschwängerten deutschen Bildungsdebatte scheint es schwer zu vermitteln, dass man in einer späteren Aufgliederung der Schülerinnen und Schüler nicht gleich den Untergang des Abendlandes sehen muss – oder den Einzug der sozialistischen Einheitsschule. In Anbetracht der Tatsache, dass so gut wie alle anderen westeuropäischen Länder diesen Weg schon vor mehreren Jahrzehnten gegangen sind, ist eine solche Befürchtung geradezu lächerlich. Die »bürgerliche« Gemeinschaftsschule, die allen Schichten ein Recht auf Teilhabe an guter Bildung gewährt, hat überall in Europa längst Einzug gehalten – außer bei uns. Darüber darf man sich gerne wundern – nicht aber darüber, dass in keinem dieser anderen Länder die Ungleichheit der Bildungsleistungen in den letzten Jahrzehnten so stark angestiegen ist wie in Deutschland.

Die »bürgerliche« Gemeinschaftsschule, die allen Schichten ein Recht auf Teilhabe an guter Bildung gewährt, hat überall in Europa längst Einzug gehalten – außer bei uns

In diesem Zusammenhang lohnt es sich auch, daran zu erinnern, wodurch kürzlich wieder eine umfassende öffentliche Diskussion über die Struktur des deutschen Schulsystems ausgelöst wurde – nämlich durch den Brief der Lehrerschaft der Berliner Rütli-Schule. Darin heißt es: »Welchen Sinn macht es, dass in einer Schule alle Schüler/innen gesammelt werden, die weder von den Eltern noch von der Wirtschaft Perspektiven aufgezeigt bekommen, um ihr Leben sinnvoll gestalten zu können?«

Von den politischen Kommentatoren wird diese Frage derzeit kaum beantwortet.

6. Auch für die Schule heißt es: Lernen, lernen, lernen

»Wenn die Ausbildungsordnung
jedes Jahr verändert wird,
haben Lehrer, Eltern und Schüler das Gefühl,
so ganz genau weiß die Politik nicht, was sie will.
Das hat einen Lehrertypus hervorgebracht, der sagt:
›Fünf Reformen erlebt, keine mitgemacht,
und für die Schüler war es das Beste‹.«

PETER HEESEN
(Vorsitzender des Deutschen Beamtenbundes,
ehem. Vorsitzender des Deutschen Philologenverbandes)

»Künftig müssen wir
die Fortentwicklung des Bildungssystems
zur Daueraufgabe machen.«

ROMAN HERZOG
(ehem. Bundespräsident)

Der Turm von PISA steht für das deutsche Schulsystem also gleich in zwei Richtungen schief: Das durchschnittliche Leistungsniveau der deutschen Schüler ist im internationalen Vergleich allenfalls mittelmäßig, und die Ungleichheit der Bildungschancen ist außergewöhnlich groß. Die gute Nachricht ist aber: Zwischen dem Geraderücken in der einen oder der anderen Richtung gibt es keinen

Zielkonflikt. Insbesondere die im letzten Kapitel vorgestellten Ergebnisse liefern keinen Beleg dafür, dass ausgeglichenere Bildungschancen für Kinder mit unterschiedlichem familiären Hintergrund mit einem niedrigeren allgemeinen Leistungsniveau erkauft werden müssten. Weder unter den OECD-Ländern noch zwischen den deutschen Bundesländern besteht ein Zusammenhang zwischen dem durchschnittlichen Leistungsniveau und der Stärke des familiären Einflusses. Ein gleichzeitig effizientes wie faires Schulsystem ist also möglich.

Ein gleichzeitig effizientes wie faires Schulsystem ist möglich

Das gleiche gilt auch für die meisten schulpolitischen Optionen. Eine Veränderung des Schulsystems, die das Leistungsniveau anhebt, senkt üblicherweise die Chancengleichheit nicht, und Maßnahmen, die dafür sorgen, dass möglichst alle Kinder die gleichen Chancen haben, wirken sich nicht mindernd auf das Leistungsniveau aus. Ganz im Gegenteil zeigen die Befunde der letzten beiden Kapitel zu den Auswirkungen einer privaten Beteiligung im Schulsystem sogar, dass die Verbindung von öffentlicher Finanzierung mit privater Leitung der Schulen sowohl das Leistungsniveau als auch die Chancengleichheit erhöhen kann. Der beste Beweis für die hervorragende Vereinbarkeit von beidem sind natürlich führende PISA-Länder, allen voran Finnland. Wenn die Schulen das Beste in allen Schülern hervorbringen, ist ein effizientes Schulsystem auch gleichheitsfördernd.[1]

Brauchen wir überhaupt eine ökonomische Sicht auf die Schule?

Um zu diesen Ergebnissen über Effizienz und Chancengleichheit zu kommen, bedurfte es zu einem gewissen Grade der in diesem Buch verfolgten »bildungsökonomischen Sichtweise«. Bedarf es also in der Bildung einer ökonomischen Perspektive? Einige Bildungspolitiker und Erziehungswissenschaftler scheinen dies zumindest zu bezweifeln; zuweilen treffe ich auch auf scharfe Zurückweisung.

Aus meiner Sicht gibt es auf diese Frage gleich zwei Antworten. Die eine habe ich bereits gegeben: Bildung ist von zentraler Bedeutung für die wirtschaftliche Entwicklung von Individuen und Staaten. Wer wirtschaftliche Entwicklung – weniger Armut, weniger Arbeitslosigkeit, Wohlstand für alle – für ein erstrebenswertes Ziel hält (und wer würde mir da widersprechen wollen?), für den ist eine auch ökonomische Betrachtung in Sachen Bildung unumgänglich. Die andere Antwort liegt darin, dass eine »ökonomische« Sicht nicht auf Themen der Wirtschaft beschränkt ist, sondern ganz allgemein dabei helfen kann, menschliches Handeln zu verstehen – indem sie darauf schaut, wie Anreize menschliches Handeln beeinflussen. In diesem Sinne möchte ich dieses Buch verstanden wissen, dort möchte ich ansetzen. Ich bin überzeugt, dass die ökonomische Denke einen entscheidenden Beitrag zum Verständnis des Zustands unseres Schulsystems leisten und damit auch Auswege aus der unbefriedigenden deutschen PISA-Situation aufzeigen kann – zum Wohle unserer Kinder.

Die »ökonomische« Sichtweise ist nicht auf Themen der Wirtschaft beschränkt, sondern kann ganz allgemein dabei helfen, menschliches Handeln zu verstehen

Ein zentraler Aspekt des ökonomischen Denkens ist die Annahme, dass Menschen auf Anreize reagieren[2] – eine Annahme, die die meisten Menschen für sich unterschreiben können werden. Die entscheidende Frage lautet hier also: Wie muss das Schulsystem gestaltet werden, damit alle Beteiligten Anreize haben, zum Lernen der Schüler ihr Bestes beizutragen?

Ein zweites zentrales Merkmal der Ökonomik ist das Denken in Alternativen. Vorhandene Ressourcen, Finanzmittel und Lehrer, können unterschiedlich genutzt werden, und zu jeder Möglichkeit, das Schulsystem zu gestalten, gibt es auch Alternativen. Wer daran interessiert ist, in einer gegebenen Situation – etwa mit einem gegebenen Finanzbudget – das beste Ergebnis zu erzielen, der sollte immer versuchen, die Ressourcen derjenigen Alternative zukommen zu lassen, bei der sie am meisten bringen. Dafür muss er herausfinden, welche das ist.

Eine saubere ökonomische Herangehensweise richtet sich also keineswegs gegen den Menschen, wie es so oft propagiert wird. Durch die Arbeit mit Zahlen und Fakten ist ihr lediglich eine gewisse, vielleicht als kühl empfundene Unbestechlichkeit zu Eigen, die sie gegen ideologische Einflüsse immunisiert. Und das ist besonders in der Schuldebatte sicher ein Vorteil. Unabhängig davon muss die ökonomische Sicht selbstverständlich nicht immer und überall dominieren. Unsere Schulen stellen uns viele wichtige, eher nicht-ökonomische Fragen: zum Beispiel, welche Form des Unterrichts die beste ist. Es steht zu hoffen, dass die Erziehungswissenschaftler für die Beantwortung dieser und ähnlicher Fragen besonders geeignet sind. Doch die von Haus aus zuständigen Disziplinen schlagen leider viel zu häufig unbelegte neue Konzepte vor, anstatt die offenen Fragen auch endlich mit überzeugenden empirischen Untersuchungen zu beantworten. Vielleicht kann da in Zukunft auch eine stärkere Kooperation zwischen Erziehungswissenschaftlern und Ökonomen helfen, bei der beide Seiten voneinander lernen.

Eine saubere ökonomische Herangehensweise richtet sich also keineswegs gegen den Menschen, wie es so oft propagiert wird

Politisch umsetzbar?

Meine und andere internationale Forschungen sagen jedenfalls ganz klar: Immer mehr desselben – Geld, Lehrer, Computer – bringt's nicht. Mehr Geld im gegebenen System ist rausgeschmissen. Stattdessen sollte die Schulpolitik auf institutionelle Reformen bauen, die Anreize für bessere Leistungen und größere Chancengleichheit setzen: durch selbständige Schulen, die mittels externer Prüfungen die Erfolge des erteilten Unterrichts durchleuchten lassen und auch im regionalen Wettbewerb gerne bestehen. Durch Schulen, die lieber fördern statt aufteilen, und durch eine frühe Unterstützung des Bildungsinteresses aller Kinder.

Kann es dafür heute Mehrheiten geben? Das Problem der ideologisierten deutschen Bildungsdiskussionen seit den 1960er Jahren lag ja vor allem darin, dass die Idee eines integrierenden Schulsystems gedanklich immer mit der Ablehnung von Leistungsorientierung und -überprüfung und von Wettbewerb verbunden wurde. Es ist eine ebenso falsche wie folgenreiche Verknüpfung im deutschen Denken zu meinen, dass gemeinsamer Unterricht für alle mit einem Absenken des Leistungsanspruchs einhergehen müsse. Wir benötigen beides – sowohl die Abkehr vom »Sortieren« als auch eine klare Leistungsorientierung und mehr Wettbewerb –, damit alle Kinder eine hervorragende Bildung erlangen.

Das Problem der ideologisierten deutschen Bildungsdiskussionen seit den 1960er Jahren lag vor allem darin, dass die Idee eines integrierenden Schulsystems gedanklich immer mit der Ablehnung von Leistungsorientierung und -überprüfung und von Wettbewerb verbunden wurde

Ist es also realistisch, heute auf eine politische Umsetzung solcher Reformen zu hoffen? Warum nicht! Einige der schulpolitischen Initiativen seit Beginn der PISA-Debatte deuten ja durchaus in die richtige Richtung. Besonders viel versprechend sind die Entwicklungen im Bereich externer Abschlussprüfungen: Noch 2004 hatten lediglich sieben der 16 Bundesländer ein Zentralabitur – 2008 werden es 15 sein! Brandenburg und Hamburg haben 2005 zum ersten Mal ein Zentralabitur durchgeführt, Hessen und Niedersachsen 2006, Berlin, Bremen und Nordrhein-Westfalen 2007 und Schleswig-Holstein 2008. Lediglich in Rheinland-Pfalz wird es auch in Zukunft nur dezentrale Abiturprüfungen geben. Allerdings ist Zentralabitur nicht gleich Zentralabitur. So gibt es in vielen Ländern – zum Beispiel in Berlin, Brandenburg, Hamburg und Niedersachen – zentrale Prüfungen nicht in allen Fächern, während etwa in Bayern alle schriftlichen Abituraufgaben zentral gestellt werden. Der Anteil der zentral geprüften Prüfungsleistungen an der Gesamtabiturnote variiert zum Teil erheblich – ihr Gewicht ist in einigen Bundesländern doppelt so hoch wie in anderen. Und die Korrektur und Benotung der zentral gestellten Prüfungen erfolgt in einigen Ländern (wie Hessen) weiter nur durch den jeweiligen Kurslehrer, während in anderen Ländern (wie Baden-Württemberg) auch bei Korrektur und Benotung externe Elemente eingebaut sind, die einen fairen Vergleich ermöglichen.

Zentralabitur ist nicht gleich Zentralabitur, und echte nationale Vergleichbarkeit gibt es nur durch ein bundesweites Zentralabitur

Während also langsam zumindest innerhalb der Bundesländer größere Leistungstransparenz geschaffen wird, kann von einer echten nationalen Vergleichbarkeit, die natürlich ein großer Ansporn für Verbesserungen wäre, keine Rede sein. Zwar wurden und werden auf Initiative der Kultusministerkonferenz durch entsprechende Kommissionen in immer weiteren Stufen und Fächern nationale Bildungsstandards entwickelt, die in Zukunft durch das eigens dafür gegründete Institut zur Qualitätsentwicklung im Bildungswesen in Berlin weiterentwickelt und überprüft werden sollen. Doch diese Standards werden wirkungslos bleiben und kaum den Weg bis hin zur Verbesserung des konkreten Unterrichts finden, wenn ihr Erreichen nicht ernsthaft, ständig und flächendeckend extern überprüft und mit entsprechenden Konsequenzen verbunden wird. Dass sich allerdings alle Bundesländer dieser permanenten Rechenschaft stellen werden, ist derzeit äußerst unwahrscheinlich.

Echte nationale Vergleichbarkeit könnte es aber durch ein bundesweites Zentralabitur geben, zu der auch immer mehr Bundesländer bereit zu sein scheinen. Damit ein solches Vorhaben nicht von einzelnen Ländern in der Kultusministerkonferenz für immer blockiert werden kann, sollten diejenigen Länder, die zu einem einheitlichen Zentralabitur bereit sind, gegebenenfalls auch ohne die Bremser vorpreschen.

Dass deutsche Schulen wirklich selbständig in Sachen Lehrerbesoldung entscheiden werden können, scheint derzeit schwer vorstellbar. Dabei könnte ein beherztes Aufgreifen neuer Besoldungsmöglichkeiten im öffentlichen Dienst uns auch dort voranbringen. Für wirklich große Fortschritte wäre aber wohl ein Abschied vom Beamtenstatus der Lehrer nötig. Es gibt indes einige Pilotprojekte zur Dezentralisierung von Aufgaben des Tagesgeschäfts und auch erste Versuche, die Auswahl der einzustellenden Lehrer durch die Schulen zu ermöglichen. Modellprojekte wie die im vierten Kapitel bereits angesprochenen »MODUS 21« in Bayern und »Selbstständige Schule« in Nordrhein-Westfalen geben ausgewählten Pilotschulen mehr Selbstständigkeit bei Personal, Ressourcenverantwortung und Unterrichtsgestaltung. Warum aber wagen wir die Selbstständigkeit immer nur in ein paar Pilotprojekten und führen sie nicht endlich flächendeckend ein? In unseren Wissensfabriken herrscht vielfach zentrale Planwirtschaft in Reinstform, besonders was die Zuweisung des Personals betrifft!

Für Vorschläge zu verstärktem Wettbewerb durch private Schulträgerschaft hat etwa der Aktionsrat Bildung partei- und verbandsübergreifend Kritik geerntet.[3] Dabei bedeutet mehr Wettbewerb durch Schulen in privater Trägerschaft ja keineswegs das Ende der staatlichen Schulaufsicht, und in der Realität ist die Flucht von immer mehr Eltern in den Privatschulsektor längst klar erkennbar. Damit das nicht zum sozialen Sprengstoff wird, brauchen wir eine faire öffentliche Finanzierung für alle. Privat geleitete Schulen sollten den staatlichen Schulen finanziell gleichgestellt werden – und im Gegenzug darf es ihnen nicht erlaubt sein, soziale Ungleichgewichte durch zusätzliches Schulgeld zu verstärken oder Schüler gezielt zurückzuweisen. Darüber hinaus sollte die Wahlfreiheit zwischen staatlichen Schulen gestärkt werden, in dem die Schulsprengel – also die festgeschriebenen Einzugsgebiete der Schulen – aufgelöst werden, wo sie noch existieren.

In der Realität ist die Flucht von immer mehr Eltern in den Privatschulsektor längst klar erkennbar

In Sachen Chancengleichheit gibt Anlass zur Hoffnung, dass es gerade konservativ geführte Landesregierungen sind, die sich auf den Weg zu einem weniger selektiven Schulsystem gemacht haben. In Schleswig-Holstein und Hamburg ist es beschlossene Sache, die Anzahl der Schularten von drei auf zwei zu verringern. Aber der entscheidende Schritt fehlt noch: das längere gemeinsame Lernen *aller* Schüler.

Auf Bundesebene liegen derzeit konkrete Pläne vor, den Ausbau von Krippenplätzen staatlich zu fördern – als Schritt in Richtung kostenloser vorschulischer Bildung für alle eindeutig zu begrüßen. Das häufig diskutierte Gutscheinmodell könnte dabei zusätzlich durch Wahlfreiheit und Wettbewerb für bessere Qualität sorgen (wenn es nicht, wie in Hamburg, selektiv eingesetzt wird). Geradezu kontraproduktiv wäre es aber, wenn die Eltern statt des Betreuungsangebotes die Auszahlung von Bargeld wählen könnten – denn das würde verständlicherweise ja besonders bildungsferne Eltern mit niedrigen Einkommen ansprechen. Gerade deren Kinder aber brauchen frühkindliche Bildungseinrichtungen, weil sie zu Hause oft nicht genügend Anregungen zum Lernen erfahren. Dazu muss die vorschulische Betreuung allerdings auch einen klaren Bildungsauftrag erhalten, sodass mithilfe spielerischen Lernens vor allem die sozial benachteiligten Kinder bessere Chancen für ihren zukünftigen Bildungsweg bekommen.

Geradezu kontraproduktiv wäre es, wenn die Eltern statt des frühkindlichen Betreuungsangebotes die Auszahlung von Bargeld wählen könnten

In allen wichtigen Bereichen institutioneller Reformen sind also (zumindest vereinzelte) Schritte in die richtige Richtung erkennbar, und nicht selten von politischen Seiten, die solche Schritte noch vor kurzem aus ideologischen Gründen gar nicht zu denken gewagt hätten. Jetzt bedarf es nur des Mutes, beherzt über erste Schritte hinauszugehen und Reformen für bessere Schulen umfassend und überall anzugehen. Der stärkste Widerstand gegen jede Reforman-

Wenn wir bessere Schulen für die gesamte Gesellschaft wollen, sollten einzelne Verbände, die die Einzelinteressen und Pfründe ihrer Klientel bis auf Messer verteidigen, uns nicht aufhalten

strengung kommt dabei immer von einzelnen Verbänden, die die Einzelinteressen und Pfründe ihrer Klientel bis aufs Messer verteidigen. Doch wenn wir bessere Schulen für die gesamte Gesellschaft wollen, sollten die uns nicht aufhalten.

Politisch sehe ich für Erfolg versprechende Veränderungen die große Chance eines runden Reformpakets, das – als Symbiose ausgewählter »linker« und »konservativer« Positionen – alles enthielte, was das deutsche Schulsystem braucht. Denn Vertreter auf der »linken« Seite des politischen Spektrums tendieren dazu, frühkindliche Förderung und spätere Selektion zu befürworten. Vertreter auf der »konservativen« Seite des politischen Spektrums tendieren dazu, eine klare Überprüfung der erzielten Leistungen und leistungsfördernden Wettbewerb zu befürworten. Ich habe gezeigt, dass sich diese Forderungen nicht widersprechen. Im Gegenteil.

Lerne zu lernen!

Schließlich gilt auch für die Schulpolitik selbst: »Lernen, lernen, lernen!« Und zwar auf zwei Ebenen: zum einen für ihre Bereitschaft, aus den vorliegenden Fakten zu lernen, was funktioniert und was nicht, und zum anderen für die Notwendigkeit der wissenschaftlichen Begleitung von derzeitigen und zukünftigen politischen Interventionen und Reformen, um ihre tatsächlichen Erfolge zu überprüfen. Wären erst die (Bildungs-)Politiker bereit, aus den vorliegenden Fakten zu lernen, bekämen auch unsere Schüler die Chance, mehr zu lernen. Hierzu zwei anekdotische Beispiele.

Der bayerische Kultusminister lud mich zu einem ausgiebigen persönlichen Gespräch über meine wissenschaftlichen Ergebnisse ein, nachdem er in einer Wochenzeitschrift gelesen hatte, dass Politiker sich meiner Erfahrung nach häufig als beratungsresistent erweisen.[4] Andere Politiker –

so sie einen Bericht über wissenschaftliche Forschung nicht sofort überblättern würden – hätten eine so ketzerische Äußerung wohl eher mit Nicht-Beachtung gestraft.

Die einzige Bildungsministerin, die mich nach einem Vortrag über Effizienz im Schulsystem vor den im Rat der Europäischen Union versammelten europäischen Bildungsministern direkt eingeladen hat, meine Ergebnisse doch auch baldmöglichst in ihrem Land vorzustellen, war die finnische. Sie, die sich nach den PISA-Tests doch nun wirklich zurücklehnen könnte, möchte man meinen. Dennoch zeigte sie sich offen für die wissenschaftlichen Ergebnisse – und das, obwohl diese in einigen wichtigen Punkten von den in Finnland vorliegenden institutionellen Rahmenbedingungen abweichen. Oder vielleicht gerade, weil das so ist? Vielleicht haben die erfolgreichsten Lerner immerzu die Bereitschaft, weiter hinzuzulernen.

Natürlich sind diese Beispiele nicht repräsentativ. Dennoch: Die erfolgreichen Schulsysteme – sowohl innerhalb Deutschlands als auch weltweit – scheinen diejenigen zu sein, die offen für neue fundierte Erkenntnisse sind.[5]

Die erfolgreichen Schulsysteme – sowohl innerhalb Deutschlands als auch weltweit – scheinen diejenigen zu sein, die offen für neue fundierte Erkenntnisse sind

Und diese Offenheit ist notwendig. Schließlich kann kein Forschungsergebnis im Prozess des wissenschaftlichen Erkenntnisgewinns für sich die letzte Wahrheit beanspruchen. Doch der derzeitige Stand des wissenschaftlich gesicherten Wissens ist immer das Beste, was wir zur Fundierung politischer Entscheidungen heranziehen können! Immerhin sind die hier vorgestellten Ergebnisse Fakten, ob sie einem gefallen mögen oder nicht. Und sie bleiben auch Fakten, wenn sie die eigenen Ansichten hinfällig werden lassen.

Traurig ist es in diesem Zusammenhang, dass im Gegensatz zu den internationalen Daten kein freier Zugang zu den Schülerleistungsdaten der Bundesländer besteht, die durch TIMSS und PISA-E erhoben wurden. Interessierten Forschern ist es im Allgemeinen verwehrt, die existierenden (und öffentlich finanzierten!) Mikrodaten für Bundesländer- und Schulformvergleiche einzusetzen.[6] Die ausführlichen Daten sind immer noch ausschließlich dem Konsortium zugänglich, das sie erhoben hat. Berechtigte Datenschutzbedenken, die durch einfache Regelungen ausgeräumt werden könnten, werden hierzulande dazu verwendet, jeglichen nutzbringenden Zugang von unabhängigen Forschern zu Leistungs- und Hintergrunddaten deutscher Schülerinnen und Schüler zu verhindern. Natürlich darf nicht jeder einfach nachschauen können, wie ein konkreter Schüler in PISA abgeschnitten hat – was aber ohnehin nicht möglich ist, weil die Datensätze selbstverständlich keine Namen von Schülern oder Schulen enthalten. Damit aber niemand auch nur versuchen kann, anhand der vorliegenden Daten Rückschlüsse auf individuelle Ergebnisse ziehen zu können, braucht der Datenzugang ja nur Wissenschaftlern gewährt zu werden, die sich vertraglich verpflichten, die Daten nicht zu unlauteren Zwecken zu nutzen – so dass sie gegebenenfalls strafrechtlich belangt werden könnten. Eine solche Vorgehensweise wird bei allen anderen personenbezogenen Datensätzen wie etwa dem Sozio-oekonomischen Panel schon lange erfolgreich praktiziert.

Ganz offensichtlich gibt es in der Kultusministerkonferenz ganz einfach Länder, die lieber nicht verglichen werden wollen

Stattdessen werden gezielte Bundesländer- und Schulformvergleiche mit individuellen Schülerdaten unterbunden. Wieso aber sollten Bundesländervergleiche Datenschutzbedenken unterliegen? Ganz offensichtlich gibt es in der Kultusministerkonferenz ganz einfach Länder, die lieber nicht verglichen werden wollen – und die aufgrund des Einstimmigkeitsprinzips der Kultusministerkonferenz alles blockieren können. Und nicht nur das: In der Kultusministerkonferenz ist es beschlossene Sache, dass die PISA-Daten in Zukunft nur noch so erhoben werden, dass sie gar keinen Vergleich der deutschen Bundesländer mehr erlauben! Was sagt das wohl über den politischen Umgang mit dem deutschen

PISA-Problem aus? Und womöglich über unsere Gesellschaft? Man stelle sich einmal vor, die Arbeitsminister würden beschließen, fortan keine länderspezifischen Arbeitslosenzahlen mehr zu veröffentlichen. Oder die Wirtschaftsminister ließen verlauten, dass von nun an das Bruttoinlandsprodukt nicht mehr nach Bundesländern berichtet wird. So etwas ist überall undenkbar – nur nicht in der Bildungspolitik.

Der fehlende Zugang zu Daten für einen eingehenden Ländervergleich ist deshalb besonders schade, weil aufgrund der Bildungshoheit der Bundesländer bekanntermaßen durchaus erhebliche Unterschiede in Schulpolitik und Bildungsergebnissen bestehen. Nur indem sich die Bundesländer dem Wettbewerb um das »beste« Schulsystem offen stellten, könnten sie lernen, was in der Schulpolitik wirklich funktioniert und was nicht.

Im Ausland wundert man sich längst über unsere Unfähigkeit, antiquierte Strukturen zu überkommen

Im Ausland wundert man sich übrigens längst über unsere Unfähigkeit, antiquierte Strukturen zu überkommen. Sowohl die bürokratische Zentralisierung als auch das Festhalten an der frühen Aufteilung in ein rigides dreigliedriges System trifft international auf Unverständnis – sei es in der internationalen Presse wie beispielsweise *Newsweek* oder *The Economist*,[7] sei es bei internationalen Organisationen wie der Organisation für wirtschaftliche Zusammenarbeit und Entwicklung (OECD), der UN-Menschenrechtskommission oder der Europäischen Union.

Die Europäische Union hat sich in letzter Zeit sehr stark gemacht für eine »evidenzbasierte Bildungspolitik« in den Mitgliedstaaten – für eine Politik also, die sich auf die vorliegenden Fakten stützt. Ein positives Beispiel ist der offizielle Bericht der Europäischen Kommission über Effizienz und Gerechtigkeit in den europäischen Bildungssystemen, der sich unter anderem auch auf ein Hintergrundpapier des von uns am ifo Institut koordinierten Europäischen Expertennetzwerkes Bildungsökonomik beruft.[8] Die Europäische Kommission hebt explizit die Schädlichkeit der frühen Schüleraufteilung für die Chancengleichheit, die Notwendigkeit einer Evaluierungskultur, die Fruchtbarkeit von lokaler Selbständigkeit verbunden mit Kontrollmechanismen sowie die zentrale Bedeutung der Vorschulbildung hervor – alles Maßnahmen, die in der Tat höhere Effizienz und mehr Gerechtigkeit versprechen.

Wissenschaftlich begleitete Testphasen könnten dabei helfen, herauszufinden, welche Reform hilft und welche nicht

Dieser Bericht hatte übrigens ein interessantes Nachspiel: Nach der Europäischen Kommission wollte auch die Versammlung der Bildungsminister der Mitgliedstaaten ein Dokument ähnlichen Inhalts verabschieden. Wie Sitzungsteilnehmer berichten, hat Deutschland zusammen mit Österreich gegen die anderen 23 Teilnehmer mit aller Kraft (aber letztlich weitgehend erfolglos) versucht, die Kritik an der frühen Auslese im dreigliedrigen Schulsystem aus dem Dokument herauszuhalten.[9] Und da gegen die eindeutige Faktenlage keine inhaltlichen Gründe angebracht werden konnten, wurde letztlich nur darauf gepocht, dass die Bildungspolitik keine EU-Angelegenheit sei – so viel zur Offenheit der deutschen Bildungspolitik für faktenbasierte Erkenntnisse.

Neben der Nutzung der vorhandenen Erkenntnisse ist ein weiterer überfälliger Schritt derjenige hin zu mehr wissenschaftlich begleiteten Experimenten, die dort einspringen können, wo der Auswertung der allgemeinen PISA-Daten methodische Grenzen gesetzt sind. Im medizinischen Bereich ist es gang und gäbe, die Effektivität von neuen Behandlungsmethoden oder Medikamenten zunächst in kontrollierten Experimenten zu erforschen. Ganz ähnlich könnten nach dem Zufallsprinzip einige Schulen eine Reform, deren Ausgang offen ist, ausprobieren und andere (zunächst) nicht. So wurde andernorts beispielsweise verfahren, um die Effekte eines umfangreichen frühkindlichen Interventionsprogramms zu erproben.[10] Auf diese Weise lässt sich in den meisten Fällen am besten identifizieren, was hilft und was nicht.

Was sind also die Fragen, zu denen wir gerne noch mehr wissen würden und zu denen wir die Antworten noch »lernen« müssen? Nur wer die richtigen Fragen stellt, kann auch die richtigen Antworten bekommen. Hier eine Liste aus meiner Sicht interessanter und weitgehend offener Fragen:

- Sollten Kinder mit einem Jahr in die Krippe kommen oder lieber bis ins Alter von drei Jahren zu Hause betreut werden?
- Wie viel würde es bringen, wenn unsere Erzieherinnen und Erzieher in Zukunft eine Fachhochschulausbildung erhalten würden?
- Sollten Kinder mit fünf Jahren eingeschult werden, damit die Schulen das Beste aus ihnen hervorbringen? Ist es gut oder schlecht, dass einige Bundesländer derzeit das Einschulungsalter von sechs auf fünfeinhalb Jahre vorverlegen?
- Ist es gut, wenn Fremdsprachen schon ab der ersten Klasse gelernt werden?
- Was ist es konkret, das einen guten Lehrer ausmacht, der den Schülerinnen und Schülern besonders viel beibringt? Und: Wie muss die Lehrerausbildung gestaltet werden, damit die angehenden Lehrer das erlernen?
- Ist Projektunterricht besser als Frontalunterricht? Was bringt fächerübergreifender Unterricht? Was ist die beste Kombination verschiedener Lehrmethoden?
- Würden die Schüler bei leistungsbezogener Vergütung der Lehrer mehr lernen?
- Wie kann man Schulrankings fair gestalten?
- Kann man Ganztagsschulen so gestalten, dass sie tatsächlich den Bildungserfolg stärker vom sozialen Hintergrund entkoppeln?

Was sind die Fragen, zu denen wir gerne noch mehr wissen würden und zu denen wir die Antworten noch »lernen« müssen?

- Sind altersgemischte Gruppen in jahrgangskombinierten Klassen eine gute Idee?
- Könnte durch verpflichtende Elternfortbildungen den Kindern geholfen werden?
- Ist behinderten Kindern besser durch Integration oder durch spezialisierte Schulen geholfen?
- Wie lassen sich Hochbegabte am besten fördern?
- Was lässt sich durch die Vermittlung von Tugenden wie Disziplin, Respekt und Pflichtgefühl erreichen? Wie lassen sich nicht-kognitive Fähigkeiten wie Teamfähigkeit, soziale Kompetenz, Verlässlichkeit oder Beharrlichkeit vermitteln? (Mit gutem Grund haben sich die Analysen, von denen ich in diesem Buch berichte, auf kognitive Basiskompetenzen konzentriert, denn die haben sich als wirtschaftlich sehr wichtig erwiesen. Gleichwohl heißt das nicht, dass andere Fähigkeiten belanglos wären.)
- Sollte in der Schule verstärkt Unternehmertum und Wissen über wirtschaftliche Zusammenhänge vermittelt werden?
- Wie können wir dafür sorgen, dass sich wieder mehr Kinder für Naturwissenschaften und Technik begeistern?
- Wie wirkt sich das G8 – das achtjährige Gymnasium mit einem Abitur nach zwölf statt nach dreizehn Schuljahren – auf den Lebensverlauf der Betroffenen aus?

Auf dem Weg zu den richtigen Antworten auf diese und andere Fragen müssen wir stetig kontrollieren, ob wir auch richtig liegen. Alle derzeitigen und zukünftigen schulpolitischen Reformen aller Bundesländer müssen wissenschaftlich fundiert überprüft werden, damit wir erfahren, ob sie auch wirklich das gewünschte Ergebnis erzielt haben. Nur so können Eltern wie Lehrer, Politiker wie Wissenschaftler aus Erfolgen und Fehlern klug werden.

Denn: Man lernt nie aus.

Danksagung

Wenig von dem, was in diesem Buch berichtet wird, wäre ohne die enge Kooperation mit zahlreichen anderen Wissenschaftlern möglich gewesen. Insbesondere meinen Mitarbeitern in der Forschungsabteilung Humankapital und Innovation des ifo Instituts für Wirtschaftsforschung an der Universität München bin ich zu großem Dank verpflichtet – allen voran Thomas Fuchs und Gabriela Schütz, die an den ursprünglichen Versionen von Teilen der Kapitel 3 und 5 sowie den zugrunde liegenden Forschungsarbeiten mitgewirkt haben.

Auch an den Forschungsarbeiten, die den weiteren Kapiteln zugrunde liegen, haben verschiedene Co-Autoren mitgewirkt, ohne die diese nicht möglich gewesen wären, so Erich Gundlach (Kiel) bei Teilen von Kapitel 2 und 3, Rick Hanushek (Stanford) bei Kapitel 2 und 5, Marty West (Harvard) bei Kapitel 3 und John Bishop (Cornell) bei Kapitel 4.

Vieles, was hier in den Kapiteln 3 bis 5 berichtet wird, basiert auf der im ifo Schnelldienst erschienenen vierteiligen Artikelserie »Ökonomische Beiträge zur Schuldebatte«, deren Herausgeber ich für die Erlaubnis zum Abdruck überarbeiteter Fassungen zahlreicher Passagen danke.

Jens Schadendorf und Verena Ludorff vom ZS Verlag Zabert Sandmann danke ich für die stete Unterstützung, zahlreiche Anregungen und ein anspruchsvolles Lektorat. Mein Dank gilt auch Friedrich-Karl und Elisabeth Sandmann, in deren neuem ambitionierten Verlag »ZS Debatten« das Buch erscheint.

Ganz besonders danke ich meiner Frau. Sie hat mich immer unterstützt, indem sie auf viel gemeinsame Zeit verzichtete, damit ich mich der diesem Buch zugrunde liegenden Forschung und dem Schreiben widmen konnte. Darüber hinaus hat sie alle Kapitel gründlich gegengelesen und mich hartnäckig dazu gezwungen, allgemeinverständlich und anschaulich zu formulieren. Ich widme dieses Buch ihr und unseren beiden Kindern – vielleicht können die ja noch von einer lernenden Schulpolitik profitieren ...

Anmerkungen

Kapitel 1

1 Die Ungleichheit wurde gemessen als Punktdifferenz zwischen demjenigen Schüler, oberhalb dessen nur zehn Prozent aller Schüler abschneiden, und demjenigen, unterhalb dessen nur zehn Prozent aller Schüler abschneiden.

2 Siehe Wößmann (2003b).

3 Hanushek und Wößmann (in Bearbeitung).

Kapitel 2

1 Vgl. etwa Bundesministerium für Bildung und Forschung (2004).

2 Eine selbsternannte Jury aus Sprachwissenschaftlern hat das Wort »Humankapital« zum »Unwort des Jahres 2004« gewählt, weil es aus ihrer Sicht »Menschen zu nur noch ökonomisch interessanten Größen« degradiert – zumindest, wenn sich der »Gebrauch dieses Wortes aus der Wirtschaftsfachsprache ... zunehmend auch in nichtfachlichen Bereichen« ausbreitet. Zum Unverständnis, das Ökonomen dieser Wahl entgegengebracht haben, sei stellvertretend verwiesen auf Franz (2005) und IZA (2005). Auch wenn Vieles zu diesem Thema gesagt werden könnte, soll hier der Hinweis genügen, dass die Sicht der sprachwissenschaftlichen Jury den Sinn des Konzeptes »Humankapital« geradezu auf den Kopf stellt: Ganz im Gegensatz zu einer Degradierung der Menschen zu nur noch ökonomisch interessanten Größen stellt das Konzept »Humankapital« den Menschen ins Zentrum der Analyse wirtschaftlicher Zusammenhänge, wie aus diesem Kapitel hoffentlich deutlich werden sollte. Und selbstverständlich ist eine ökonomische Analyse nicht gleichbedeutend mit dem Ausschluss jeder anderen Bedeutung oder Betrachtungsweise – sonst müsste man mit dem gleichen Recht einem Mediziner, der von »Patienten« redet, vorwerfen, er degradiere den Menschen auf ein krankhaftes Wesen!

3 Seit den grundlegenden Beiträgen der 1960er Jahre (siehe insbesondere die Arbeiten der Nobelpreisträger Schultz 1961 und Becker 1964) hat die bildungsökonomische Forschung umfangreiche Evidenz zur Bedeutung der Bildung für das wirtschaftliche Wohlbefinden von Individuen und Nationen vorgelegt. Gerade in den letzten Jahren ist, vor allem unter angewandten Ökonomen, ein starkes Anwachsen bildungsökonomischen Interesses zu verzeichnen, so dass erhebliches empirisches Wissen über die wirtschaftliche Bedeutung der Bildung vorliegt. Ein ausführlicherer Überblick über die empirische Evidenz zum privat- und volkswirtschaftlichen Nutzen der Bildung findet sich in Wößmann (2006b, 2007b). Für einen generellen aktuellen Überblick bildungsökonomischer Forschung vgl. Hanushek und Welch (2006).

4 In der Kategorie »Lehre« sind neben der klassischen Lehre auch Berufsfachschule (Gesundheitswesen) und Beamtenausbildung enthalten. Besten Dank an Sascha Becker für die Bereitstellung der aufgearbeiteten Daten!

5 Vgl. Card (1999).

6 Gerade für Deutschland treten allerdings aufgrund der Besonderheiten des Systems der dualen Berufsausbildung (in Betrieb und Berufsschule) Probleme der internationalen Vergleichbarkeit der Daten auf. So weist Deutschland in einer anderen Analyse der Daten von de la Fuente und Doménech (2006) im OECD-Vergleich (1990) mit 12,9 Jahren den höchsten Wert auf.

7 Harmon, Walker und Westergaard-Nielsen (2001).

8 Mittelwert für Männer und Frauen, gewichtet mit dem relativen Beschäftigungsanteil. 1995 oder nächstes verfügbares Jahr.

9 Vgl. Grossman (2006).

10 Vgl. den Überblick in Hanushek und Wößmann (2007).

11 Murnane, Willett und Levy (1995).

12 Tyler, Murnane und Willett (2000).

13 Altonji und Pierret (2001).

14 Nickell (2004).

15 Die Ungleichheit wurde gemessen als Verhältnis zwischen derjenigen Person, oberhalb derer nur zehn Prozent aller Personen liegen, und derjenigen, unterhalb derer nur zehn Prozent aller Personen liegen.

16 Die Arbeitslosendaten beziehen sich auf die Gruppe der 30- bis 44-jährigen Männer, in der Verzerrungen internationaler Vergleiche aufgrund von Nichtbeteiligung am Erwerbsleben, Frühverrentung oder ähnlichem auf ein Minimum beschränkt sein dürften. Die neuesten hierzu verfügbaren international vergleichbaren Daten beziehen sich auf das Jahr 2001.

17 Sinn (2003).

18 In dieser feinen Aufgliederung sind die Daten nicht für 30- bis 44-jährige, sondern nur für 25- bis 64-jährige Männer verfügbar, dafür allerdings für das Jahr 2003.

19 McIntosh und Vignoles (2001).

20 Vgl. etwa Barro und Sala-i-Martin (2004).

21 Vgl. hierzu und zu den darum kreisenden Diskussionen überblicksartig Hanushek und Wößmann (2007).

22 Sala-i-Martin, Doppelhofer und Miller (2004).

23 De la Fuente (2003).

24 Vgl. Hanushek und Wößmann (2007).

25 Wößmann (2003a).

26 Lochner und Moretti (2004). Diese wie auch die im Folgenden zitierten Studien sind durch methodisch komplexe Vorgehensweisen in der Lage, tatsächliche kausale Effekte der Bildung zu bestimmen. Lochner und Moretti (2004) quantifizieren die zusätzlichen sozialen Einsparungen durch die bildungsbedingte Kriminalitätsreduktion auf 14 bis 26 Prozent der privaten Bildungserträge.

27 U.a. Milligan, Moretti und Oreopoulos. (2004).

28 Currie und Moretti (2003).

29 Ob sich Bildung darüber hinaus auch noch in direkter Weise positiv auf die Produktivität von Mitarbeitern oder Regionen insgesamt auswirkt, ist dagegen umstritten. Einerseits findet eine Studie (Moretti 2004), dass die Produktivität von Betrieben (nach Berücksichtigung der Effekte ihres eigenen Humankapitalbestandes) in Städten, die einen stärkeren Humankapitalanstieg erfahren haben, in bescheidenem Maße stärker gestiegen ist als die Produktivität von ansonsten ähnlichen Betrieben in Städten, deren Humankapitalniveau konstant geblieben ist. Demgegenüber finden andere Studien (u.a. Ciccone und Peri 2006) keine Evidenz für signifikante direkte Effekte von Bildung auf die Produktivität anderer.

30 Die Betrachtung von Bildungsausgaben sollte im internationalen Vergleich sinnvollerweise immer relativ zur Anzahl der Schüler erfolgen, da sie sonst stark durch die demographische Struktur der Bevölkerung verzerrt wird. Um das Ausgabenmaß relativ zur wirtschaftlichen Leistungskraft eines Landes zu betrachten, zielt man auf die Bildungsausgaben pro Schüler relativ zum Bruttoinlandsprodukt pro Kopf ab, was nichts anderes ist als die für den Anteil der Schüler an der Gesamtbevölkerung angepassten Bildungsausgaben relativ zum Bruttoinlandsprodukt.

31 Statistisches Bundesamt (2005a).

32 Gerechnet in Vollzeitäquivalenten zum Stichtag 30.06.2004.

Kapitel 3

1 Zusammenhang zwischen der durchschnittlichen Mathematik-Leistung in PISA 2003 und den kumulierten Ausgaben für Bildungsinstitutionen pro Schüler im Alter von sechs bis 15 Jahren, konvertiert mit Kaufkraftparitäten.

2 OECD (2004a, S. 101).

3 Vgl. Wößmann (2002). Auch eine gleichzeitige Berücksichtigung weiterer Einflussfaktoren verändert an dieser Einschätzung nichts Wesentliches. Ausgaben pro Schüler sind ein umfassendes Maß des Inputs im Bildungssektor, das nicht nur Personalkosten, sondern auch materielle Kosten berücksichtigt. Allerdings sind internationale Ausgabenvergleiche immer mit dem Problem der relevanten Wechselkursumrechnung belastet (hier wurde eine Kaufkraftparitätenumrechnung gewählt), und in nahezu allen Ländern machen die Personalkosten über drei Viertel der gesamten Ausgaben aus. Damit bietet sich auch die Klassengröße als nicht-monetäres Inputmaß, das einen großen Teil der Ausgaben bestimmt, für internationale Vergleiche an. Bei einer Betrachtung der Klassengröße anstatt des Ausgabenniveaus ergibt sich allerdings das gleiche Bild wie in Abbildung 3.1.

4 Für Details der Analyse vgl. Gundlach und Wößmann (2000), Gundlach, Wößmann und Gmelin (2001) sowie Wößmann (2002).

5 Hanushek und Wößmann (in Bearbeitung).

6 Vgl. Hanushek (2002) für einen Überblick.

7 Die in dieser und den weiteren berichteten Schätzungen berücksichtigten Variablen des familiären Hintergrundes, die aus Hintergrundfragebögen der in TIMSS getesteten Schüler stammen, umfassen über ein Dutzend Indikatoren etwa für den Bildungsstand der Eltern oder den Migrationshintergrund der Schüler. Außerdem kontrolliert die Schätzung für Einflüsse einiger Variablen der materiellen Ausstattung der Schule und Eigenschaften des Mathematiklehrers. In ähnlicher methodischer Vorgehensweise schätzt Baumgartner (2003) den Zusammenhang zwischen durchschnittlichen Klassengrößen innerhalb von deutschen Land- und Stadtkreisen und den im Sozioökonomischen Panel erhobenen Einstiegsgehältern unter Kontrolle weiterer Einflussfaktoren und findet keinen statistisch signifikanten Zusammenhang zwischen Klassengröße und Arbeitseinkommen. Allerdings besteht bei einer solchen Betrachtung von Klassengrößenmaßen auf regionaler Ebene die Gefahr von Verzerrungen (vgl. Fertig und Wright 2005).

8 Dazu bedarf es spezieller empirischer Identifikationsstrategien. Neben den beiden hier berichteten so genannten »quasi-experimentellen« Strategien könnte man auch ein explizites Experiment durchführen, das Schüler in zufälliger Weise auf Klassen unterschiedlicher Größe aufteilt. Ein solches explizites Klassengrößenexperiment liegt für Deutschland nicht vor. Das einzige größere bisher überhaupt durchgeführte Klassengrößen-Experiment ist das so genannte »Project STAR«, das in den 1980er Jahren im US-Bundesstaat Tennessee durchgeführt wurde und dort auf die Existenz von Klassengrößeneffekten hindeutete (vgl. dazu Krueger 1999). Leider haben explizite Experimente im Allgemeinen und Project STAR im Besonderen einige Probleme und Defizite, die die Validität und Allgemeingültigkeit der Ergebnisse in Frage stellen (vgl. dazu Hoxby 2000a und Hanushek 1999).

9 Für Details der Analysen vgl. Wößmann und West (2006) und Wößmann (2005a, 2005e).

10 Krueger (1999).

11 Für Details dieser Strategie vgl. Wößmann (2005a, 2005e).

12 Da die empirische Methode ausschließlich solche Variationen in den Klassengrößen nutzt, die aufgrund der Regel vorhergesagt werden können, macht es für die Validität der Schätzung nichts, dass das beschriebene Muster in Deutschland nicht ganz perfekt vorliegt, dass es also Ausnahmen gibt, in denen Klassengrößen durchaus mal über 30 Schüler hinausgehen oder in denen zusätzliche Klassen aufgemacht werden, ohne dass dies aufgrund der 30er-Regel schon notwendig wäre. Eine »unsaubere« Anwendung der Regel führt lediglich dazu, dass der Effekt statistisch ungenauer geschätzt werden kann. Die Ergebnisse zeigen aber, dass er in diesem Fall äußerst präzise geschätzt ist.

13 Wößmann (2005a) und Wößmann und West (2006).

14 Die zum Computereinsatz berichteten Ergebnisse basieren zum großen Teil auf Fuchs und Wößmann (2004).

15 Vgl. dazu beispielhaft DiNardo und Pischke (1997) und Borghans und ter Weel (2004).

16 Vgl. Oppenheimer (1997).

17 Vgl. Healy (1999).

18 »The teaching and educational revolution is no longer blackboards and chalk, it is computers and electronic whiteboards.« (Daily Telegraph 2005)

19 »I simply do not believe that passion for subject or skill, combined with inspiring teaching, can be replaced by computer-driven modules, which seem to occupy a disproportionate amount of current practice.« (BBC Online 2004)

20 OECD (2001, S. 118).

21 Da die berichteten Ergebnisse für Leistungen in Naturwissenschaften und Lesen qualitativ identisch sind, werden hier nur die Ergebnisse für Leistungen in Mathematik berichtet; vgl. Fuchs und Wößmann (2004) für Details.

22 Obwohl der umfangreiche Einsatz von Kontrollvariablen das Problem nicht berücksichtigter Einflussfaktoren und damit die Gefahr von Verzerrungen der Schätzergebnisse vermindert, ist es auch bei den viele Einflüsse berücksichtigenden Schätzungen nicht auszuschließen, dass aufgrund anderer nicht berücksichtigter Faktoren wie etwa nicht messbarer angeborener Fähigkeiten der Schüler die Schätzergebnisse verzerrt werden. Der hier verwendete Einsatz von einer Vielzahl von Variablen, die auch auf Schülerebene für Effekte familiärer Hintergrundvariablen kontrollieren, lässt die Wahrscheinlichkeit solcher Verzerrung aber erheblich kleiner erscheinen. Dafür spricht auch, dass Senkbeil und Wittwer (2006) anhand der deutschen PISA-Längsschnittsstudie zu sehr ähnlichen Ergebnissen kommen. Sie finden keinen Zusammenhang zwischen dem mathematischen Kompetenzgewinn in der zehnten Klasse einerseits und der häuslichen Computernutzung und Computererfahrung der Schüler andererseits.

23 Dabei erlaubt die Nutzung von Individualdaten für fast 100.000 Schüler in 31 Ländern hier wie auch in sämtlichen weiteren in diesem Kapitel berichteten Analysen eine Kontrolle der Einflüsse dieser Eigenschaften auf der Ebene jedes einzelnen Schülers. Im Falle der Leseleistungen, die zu ganz ähnlichen Ergebnissen führen, umfasst der Datensatz sogar etwa 175.000 Schüler. Vgl. Fuchs und Wößmann (2004) für alle weiteren Details der Schätzgleichung.

24 Vgl. Wirth und Klieme (2003).

25 Angrist und Lavy (2002); Rouse und Krueger (2004).

26 Arnhold (2005).

27 Goldt (2003). Den Hinweis auf die Goldt-Zitate verdanke ich Werner Musslers »Sonntagsökonom«-Artikel »Computer machen dumm« in der Frankfurter Allgemeinen Sonntagszeitung vom 19.12.2004, S. 51.

28 Für die erziehungswissenschaftliche Sicht sei beispielhaft auf die Arbeiten von Professor Eckhard Klieme, Direktor des Deutschen Instituts für Internationale Pädagogische Forschung, verwiesen, für die kriminologische Sicht auf Professor Christian Pfeiffer, Direktor am Kriminologischen Forschungsinstitut Niedersachsen, und für neurowissenschaftliche Studien auf Professor Manfred Spitzer, Direktor der Psychiatrischen Universitätsklinik in Ulm.

29 Die Kritik des IBI, auf die das folgende Zitat Bezug nimmt, liegt bei Hendricks (2005) vor. Dort findet sich u. a. folgende seltsame Stellungnahme zu unseren Befunden: »Hier muss man, solange die Daten, auf denen die Aussagen beruhen, nicht vollständig offen gelegt und nachvollziehbar sind, den Autoren glauben oder nicht.« Unsere Studien dokumentieren jeweils ausführlich die jeweiligen Quellen und angewendeten Methoden, und sämtliche den Analysen zugrunde liegenden Daten sind jedermann frei über das Internet verfügbar – da sind keine Glaubensfragen involviert! Nur bedarf es für den Datenzugang, das Nachvollziehen der Daten und die Datenanalyse natürlich einer gewissen methodischen und empirischen Grundkompetenz ...

30 Jürgen Kaube in der Frankfurter Allgemeinen Sonntagszeitung, 20.11.2005.

31 Aly, Ciba und Frank. (2005).

32 Rivkin, Hanushek und Kain. (2005).

33 Die einzige Ausnahme besteht darin, dass ganz neue Lehrer in ihrem ersten Jahr den Schülern weniger Wissen vermitteln.

Kapitel 4

1 Sachverständigenrat zur Begutachtung der gesamtwirtschaftlichen Entwicklung (2004, S. 569).

2 Hanushek mit Co-Autoren. (1994).

3 Vgl. Wößmann (2001, 2002, 2006a).

4 Im Einzelnen basieren die in diesem Kapitel berichteten Ergebnisse insbesondere auf vier internationalen Schülerleistungstests: dem TIMSS-Test von 1995, seiner Wiederholungsstudie TIMSS-Repeat von 1999, dem PISA-Test von 2000 und dem IGLU-Test von 2001. Die beiden TIMSS-Studien testeten Schüler (der siebten und) achten Klasse in Mathematik und Naturwissenschaften. Fasst man die beiden vergleichbaren Tests zusammen, um möglichst viele Beobachtungen verschiedener Länder mit unterschiedlichen institutionellen Strukturen zu haben, dann erhält man einen Datensatz von zusammen fast einer halben Million individueller Schüler in 54 Ländern. PISA testete 2000 gut 175.000 15-jährige Schüler aus 32 Ländern in Lesefähigkeiten, Mathematik und Naturwissenschaften. Vergleichbare umfassende Untersuchungen anhand der Mikrodaten des PISA-2003-Tests liegen leider noch nicht in veröffentlichter Form vor; allerdings belegen unsere in Arbeit befindlichen Untersuchungen, dass sich die hier berichteten Befunde zu den Effekten von externen Abschlussprüfungen, Schulautonomie und privater versus öffentlicher Trägerschaft und Finanzierung ähnlich im internationalen PISA-2003-Datensatz finden. In IGLU wurden die Lesefähigkeiten von gut 140.000 Grundschülern der vierten Klasse aus 35 Ländern getestet. In allen Tests wurden die Schülerleistungen auf einer Skala gemessen, die für die jeweils teilnehmenden Länder (in PISA nur die teilnehmenden OECD-Länder) einen internationalen Mittelwert von 500 und eine Standardabweichung von 100 aufweist. Für weitere Details zu den vier Datensätzen vgl. Wößmann (2003c: TIMSS; 2003d: TIMSS-Repeat) und Fuchs und Wößmann (2007: PISA; 2005: IGLU).

5 Zum einen können internationale Vergeiche zumeist nur allgemeine Zusammenhangsmuster aufzeigen, ohne dass bei der beschränkten Anzahl von Länderbeobachtungen eine vertiefte Analyse von in der Realität oftmals entscheidenden Details der Umsetzung möglich wäre. Zum anderen gibt es Grenzen der kausalen Interpretation internationaler Querschnittsuntersuchungen. In dem Maße, wie die internationale Variation der institutionellen Gegebenheiten in einem weiteren kulturellen Zusammenhang und historischer Verwurzelung stehen, sind die hier berichteten empirischen Zusammenhänge auch als Effekte solcher unbeobachtbarer Unterschiede zu verstehen, die nicht notwendigerweise einem direkten kausalen Effekt bei der erstmaligen Einführung in einem spezifischen Land entsprechen müssen.

6 Interessanterweise hat eine gemeinsame Analyse von Bundesländern und OECD-Staaten ergeben, dass sich die gefundenen Effekte zwischen den beiden Gruppen nicht signifikant unterscheiden (Wößmann 2007a). Dies deutet darauf hin, dass die umfangreicheren internationalen Vergleichsstudien nicht substantiell unter kulturellen Verzerrungen leiden. Leider muss die Bundesländeranalyse auf der Ebene der Bundesländer erfolgen, da für die Forschung kein allgemeiner Zugang zu den deutschen Mikrodaten mit Erkennungsvariablen der Bundesländer besteht. Gleichwohl können auch auf Bundesländerebene Effekte des sozioökonomischen Hintergrundes und der Ressourcenausstattung herausgerechnet werden.

7 Diese umfangreichen Hintergrundinformationen erlauben es, dass die berichteten internationalen Ergebnisse auf Regressionsanalysen beruhen, die auf Ebene der individuellen Schüler über 50 Einflussvariablen beinhalten, von denen hier nur dieEffekte des institutionellen Hintergrunds berichtet werden. Ziel dieser viele Einflussfaktoren gleichzeitig berücksichtigenden Vorgehensweise ist es, dass die berechneten Zusammenhänge zwischen Institutionen und Schülerleistungen keine systematischen Verzerrungen durch andere beobachtbare Einflussfaktoren aufweisen. So können quasi die Leistungen von Schülern verglichen werden, die sich nur aufgrund der institutionellen Rahmenbedingungen der Schulen unterscheiden, ansonsten aber keine beobachtbaren Unterschiede aufweisen. Mit solchen Methoden konnte beispielsweise gezeigt werden, dass die Ergebnisse zu den Effekten externer Abschlussprüfungen weder durch andere institutionelle Unterschiede, noch durch die allgemeine Zentralisation oder Homogenität eines Landes, noch durch kulturelle Unterschiede zwischen Weltregionen bedingt sind, sondern mit hoher Sicherheit einen tatsächlichen Effekt der externen Prüfungen auf die Schülerleistungen wiedergeben (vgl. Wößmann 2003d).

8 Es sollte betont werden, dass es sich bei dem hier verwendeten Leistungsmaßstab, den Testergebnissen internationaler Vergleichstests, nicht um die jeweilige externe Prüfung eines Landes handelt, sondern um einen unabhängigen internationalen Leistungstest. Das bedeutet, dass externe Prüfungen nicht einfach nur dazu führen, dass Lehrer ihre Schüler lediglich mögliche Fragen der jeweiligen externen Prüfung auswendig lernen lassen und dass die Schüler den entsprechenden Test »einpauken«. Ein solches Verhalten sollte ja ihre Leistungen in den TIMSS- und PISA-Tests unberührt lassen. Stattdessen legen die hier geschätzten Effekte nahe, dass externe Prüfungen tatsächlich zu einem besseren mathematischen und naturwissenschaftlichen Wissen der Schüler führen.

9 Vgl. Wößmann (2005b).

10 Fuchs und Wößmann (2005).

11 Dieser positive Effekt von externen Prüfungen im Bundesländervergleich ist sehr robust, wenn man Effekte von unterschiedlichen sozioökonomischen Hintergründen und schulischen Ressourcenausstattungen herausrechnet (Wößmann 2007). Dabei zeigt sich wiederum, dass der sozioökonomische Hintergrund wichtige Effekte hat, das Ausgabenniveau und die Klassengrößen dagegen nicht. Der Befund hält auch stand, wenn die Möglichkeit herausgerechnet wird, dass der Effekt aufgrund von Unterschieden in der Parteizugehörigkeit der Landesregierungen oder in der im Wahlverhalten erkennbaren politischen Ausrichtung der Bevölkerung zustande gekommen sein könnte. Es kommt also nicht auf die politische Ausrichtung, sondern auf die institutionelle Struktur des Schulsystems an. Ganz ähnliche Befunde positiver Effekte von externen Prüfungen zwischen den deutschen Bundesländern konnten auch schon anhand der deutschen TIMSS- und

PISA-E-2000-Daten belegt werden (Jürges, Schneider und Büchel 2005; Jürges, Richter und Schneider 2005).

12 Vgl. etwa Hanushek und Raymond (2004); Jacob (2005).

13 West und Peterson (2006).

14 Jacob (2005).

15 Jacob und Levitt (2003).

16 Vgl. Bishop und Wößmann (2004).

17 Vgl. Wößmann (2003c, 2003d, 2005c); Fuchs und Wößmann (2007).

18 Fuchs und Wößmann (2005).

19 In allen berichteten Fällen ist der Unterschied in den Auswirkungen der Selbständigkeit zwischen den beiden Prüfungssystemen statistisch signifikant. Während in den Abbildungen die Ergebnisse für Mathematikleistungen dargestellt werden, ergeben sich in den anderen Fächern ganz ähnliche Zusammenhänge.

20 Vgl. Wößmann (2003e).

21 Sachverständigenrat zur Begutachtung der gesamtwirtschaftlichen Entwicklung (2004, S. 605): »Es müssen zentrale Standards für die verschiedenen Zweige des Bildungssystems festgelegt werden, ihre Einhaltung ist regelmäßig und nachvollziehbar zu überprüfen und die Erreichung auch gegenüber der Öffentlichkeit transparent zu machen. Im Gegenzug muss den Schulen und vorschulischen Einrichtungen stärker als bisher die nötige Prozessautonomie zur Umsetzung dieser Zielvorgaben gewährt werden. Dazu zählen insbesondere auch Reformen im Personalbereich, die den Schulen einen größeren Spielraum bei der Beschäftigung und Bezahlung der Lehrkräfte einräumen.«

22 Institut für Schulentwicklungsforschung (2006).

23 Vgl. z.B. Hanushek mit Co-Autoren (1994).

24 Wößmann (2007a).

25 Siehe Wößmann (2005d) für Details.

26 Zu den Ergebnissen, die die PISA-Informationen über private Beteiligung auf der Schulebene messen, wie in Abbildung 4.9 und in den letzten Balken von Abbildung 4.6, ist einschränkend zu bemerken, dass die geschätzten Effekte durch systematische Selektion unterschiedlicher Schüler in öffentliche oder private Schulen verzerrt sein könnten. Zwar kontrollieren die berichteten Ergebnisse für umfangreiche weitere Einflussfaktoren wie den beobachteten familiären Hintergrund. Trotzdem könnte es aber noch sein, dass sich Schüler, die auf private Schulen gehen, in nicht beobachtbarer Hinsicht von Schülern unterscheiden, die auf öffentliche Schulen gehen. Allerdings ist zu bedenken, dass dies vermutlich vor allem die Effekte der öffentlichen versus privaten Finanzierung beeinflussen sollte, denn in dieser Hinsicht ist etwa vorstellbar, dass reichere Eltern, die ihre Kinder auf Schulen mit einem höheren privat zu finanzierenden Anteil schicken, ihre Kinder auch in anderer, unbeobachteter Hinsicht zusätzlich fördern, etwa durch die zusätzliche Finanzierung von Nachhilfeunterricht oder durch sonstige Unterstützung aufgrund einer höheren Wertschätzung von Bildung. Da die Schätzungen aber für den privaten Finanzierungsanteil kontrollieren, sollten solche Verzerrungen den geschätzten Effekt der öffentlichen versus privaten Trägerschaft kaum beeinflussen. Darüber hinaus sollten sich solche Selektionseffekte auf der Ebene eines Landes gegenseitig aufheben, so dass die Ergebnisse, die die öffentliche versus private Beteiligung an Schulträgerschaft und -finanzierung wie in Abbildung 4.8 auf Landesebene messen, durch solche Effekte nicht verzerrt sein können.

27 Neal (1997).

28 Vgl. Hoxby (2003).

29 Peterson, Howell, Wolf und Campbell. (2003).

30 Hoxby (2000b).

31 Für England vgl. z.B. Bradley und Taylor (2002), für Schweden Sandström und Bergström (2005).

32 Z.B. Ladd (2002).

33 Nechyba (2000).

34 Lavy (2002).

35 Atkinson, Burgess u.a. (2004).

Kapitel 5

1 Vgl. z.B. Wößmann (2003b; 2004).

2 Es mag sein, dass neben der elterlichen Unterstützung auch die genetische Vererbung von Fähigkeiten eine Rolle dafür spielt, wie gut ein Kind in der Schule ist. Ob nun Vererbung oder Erziehung den familiären Einfluss stärker bestimmen, muss beim derzeitigen Stand der

Forschung unbeantwortet bleiben (vgl. etwa Goldberger und Manski 1995). Aber allein die internationalen Unterschiede in der Stärke des familiären Einflusses legen schon nahe, dass diese keine unveränderlich durch Vererbung vorgegebene Größe ist.

3 Die entsprechende Frage im Hintergrundfragebogen der Schüler lautete: »Wie viele Bücher gibt es bei Dir zu Hause (ausgenommen Zeitschriften, Zeitungen und Schulbücher)?« Dafür waren die folgenden fünf Antwortkategorien vorgegeben: »keine oder sehr wenige (0-10 Bücher)«; »genug um ein Regalbrett zu füllen (11-25 Bücher)«; »genug um ein Bücherregal zu füllen (26-100 Bücher)«; »genug um zwei Bücherregale zu füllen (101-200 Bücher)«; »genug um drei oder mehr Bücherregale zu füllen (mehr als 200 Bücher)«.

4 Die im Haushalt der Familie verfügbaren Bücher sind ein in der soziologischen Literatur häufig verwendeter Maßstab für den familiären Hintergrund (vgl. etwa Esping-Andersen 2004). Wir ziehen ihn alternativen Maßen – wie etwa dem elterlichen Bildungsstand – vor, weil er sich in TIMSS und PISA als derjenige Einzelfaktor erwiesen hat, der die Leistungsunterschiede von Schülern am besten erklären kann, weil sich sein Zusammenhang mit dem Haushaltseinkommen nicht zwischen verschiedenen Ländern unterscheidet (vgl. dazu Schütz, Ursprung und Wößmann 2005), weil dasselbe nominelle elterliche Bildungsniveau in verschiedenen Ländern oft ganz unterschiedliche Wissensniveaus widerspiegelt und weil bei der Bücheranzahl für einen weit geringeren Anteil der Schüler die Antworten in den Schülerfragebögen fehlen. Auch wenn wir das Bücher-Maß in der vorliegenden Studie anderen möglichen Maßen des familiären Hintergrundes wie der Bildung oder dem Berufsstand der Eltern oder auf letzteren beruhenden Indices vorziehen, finden wir in Untersuchungen, die sich noch in Arbeit befinden, dass sich ganz ähnliche Ergebnisse ergeben, wenn man den Index des wirtschaftlichen, sozialen und kulturellen Status der Schüler in den PISA-2003-Daten benutzt.

5 Vgl. Ammermüller (2007) und Entorf und Minoiu (2005).

6 Für die Ergebnisse der weiteren der insgesamt 54 Länder vgl. Schütz, Ursprung und Wößmann (2005).

7 In allen hier betrachteten Ländern ist der geschätzte Effekt statistisch mit über 99-prozentiger Wahrscheinlichkeit von null verschieden.

8 Etwa Baumert und Schümer (2001); OECD (2004a).

9 Vgl. Schütz, Ursprung und Wößmann (2005) für weitere Details zu Methoden, Daten und Ergebnissen der anhand der internationalen Schülerdaten durchgeführten Analyse.

10 Unsere Befunde belegen, dass die Chancenungleichheit zunächst mit steigender vorschulischer Besuchsquote ansteigt und sich erst dann verringert, wenn die vorschulische Besuchsquote ein Niveau von rund 60 Prozent überschreitet.

11 Der Einfluss der Dauer der vorschulischen Bildung ist natürlich nur sinnvoll zu interpretieren, wenn gleichzeitig Effekte des Alters, zu dem die Schulpflicht einsetzt, herausgerechnet werden. Unsere Ergebnisse zeigen aber keinen signifikanten Zusammenhang zwischen Einschulungsalter und Chancengleichheit (nachdem wiederum der Einfluss der Dauer der vorschulischen Bildung konstant gehalten wurde). Der Grund für Nichteindeutigkeit des Zusammenhangs zwischen Chancengleichheit und Beginn der Schulpflicht hängt wohl auch damit zusammen, dass das Alter zu Beginn der Schulpflicht zwischen den Ländern nicht stark variiert (zwischen fünf und sieben Jahren). Die Ergebnisse für die Dauer der vorschulischen Bildung erweisen sich als vom Einschulungsalter unabhängig.

12 Sachverständigenrat zur Begutachtung der gesamtwirtschaftlichen Entwicklung (2004).

13 Vgl. etwa Blau und Currie (2006); Carneiro und Heckman (2003); Goodman und Sianesi (2005).

14 Spiess, Büchel und Wagner (2003).

15 Vgl. etwa OECD (2004b).

16 Vgl. etwa Carneiro und Heckman (2003).

17 So zeigt Dustmann (2004), dass die Wahl des Schultyps am Ende der Grundschulzeit in Deutschland stark vom familiären Hintergrund abhängt und später zu substantiellen Einkommensunterschieden im Berufsleben führt.

18 Siehe Prenzel, Baumert und andere (2005).

19 Vgl. Wößmann (2007a) für detaillierte Analysen.

20 Baumert, Stanat und Watermann (2006) belegen, dass der Schultyp in der Tat mit signifikant unterschiedlichen Lerngewinnen bei ansonsten gleichen Schülern einhergeht, auch nachdem Effekte der kognitiven Grundfähigkeiten oder vorheriger Testleistungen sowie Kompositionseffekte herausgerechnet werden (vgl. auch Köller und Baumert 2001).

21 Wie schon im Fall der zentralen Abschlussprüfungen lässt sich auch für die Effekte der frühen Aufteilung, der Anzahl der Schultypen und der Gesamtschulen zeigen, dass sie nicht auf die politische Ausrichtung der Bundesländer, sondern ausschließlich auf die institutionelle Gestaltung der Mehrgliedrigkeit zurückzuführen sind. Es ändert sich nichts an den Befunden, wenn mögliche Effekte der Parteizugehörigkeit der Landesregierungen oder des Wahlverhaltens der Bevölkerung herausgerechnet werden (siehe Wößmann 2007a).

22 Siehe Wößmann (2007a). Ähnliche Ergebnisse zum negativen Einfluss der Mehrgliedrigkeit auf die Chancengleichheit finden auch Ammermüller (2005) auf der Basis der internationalen IGLU- und PISA-Daten und Bauer und Riphahn (2006) auf der Basis eines Vergleichs zwischen Schweizer Kantonen.

23 Vgl. Hanushek und Wößmann (2006) für Details dieser Schätzmethode sowie zahlreiche weitere detaillierte Ergebnisse.

24 Als Maß der Ungleichheit der Leistungsergebnisse wird hier die Standardabweichung der Testergebnisse der Schüler jedes Landes gewählt, die auf dem Abstand aller Schüler von der jeweiligen Durchschnittsleistung beruht; alternative Maße wie etwa die Leistungsdifferenz zwischen den besten und den schlechtesten fünf Prozent (oder auch 25 Prozent) der Schüler führen zu ganz ähnlichen Ergebnissen (vgl. Hanushek und Wößmann 2006).

25 Unsere ökonometrischen Schätzungen belegen, dass die frühe Selektion in der Tat zu einer statistisch signifikanten Erhöhung der Ungleichheit der Schülerleistungen zwischen Ende der Grundschule und Ende der Mittelstufe führt (Hanushek und Wößmann 2006). Dieses Ergebnis erweist sich als robust in verschiedenen alternativen Modellspezifikationen und in der Analyse zahlreicher weiterer Paare internationaler Schülerleistungstests in der Grund- und Sekundarschule, etwa auch in TIMSS und TIMSS-Repeat.

26 Vgl. Schütz, Ursprung und Wößmann (2005, Tabelle 5).

27 Allerdings lagen international vergleichbare Informationen über Ganztags- versus Halbtagsunterricht nur für 34 Schulsysteme vor, und die verfügbaren Daten lassen auch keine Aussage darüber zu, ob nachmittags Unterricht stattfindet oder ob nur eine optionale Betreuung der Schüler angeboten wird. Demgegenüber findet Ammermüller (2005) in einzelnen Spezifikationen einen negativen Zusammenhang zwischen jährlicher Unterrichtszeit und Ungleichheit.

28 Leider lagen internationale Daten über den privaten Anteil an Schulfinanzierung und -trägerschaft nur für die Hälfte der 54 Länder vor. Ammermüller (2005) findet im Gegensatz zu unseren Ergebnissen einen negativen Zusammenhang zwischen Chancengleichheit und Privatschulanteil, was aber darauf zurückgeführt werden könnte, dass seine Analyse nicht separat die Effekte privater Finanzierung herausrechnet.

29 OECD (2004b).

Kapitel 6

1 Vgl. Wößmann und Peterson (2007).

2 Vgl. Landsburg (1993, S. 3).

3 Aktionsrat Bildung (2007); zur Reaktion bspw. Die Welt, 9. 3. 2007.

4 Wirtschaftswoche, 31. 3. 2005 (»Auf höchstem Niveau«, S. 16-19).

5 Vgl. zur Notwendigkeit des andauernden Dazulernens auch Hanushek mit Co-Autoren (1994).

6 Vgl. auch Machin und Puhani (2005).

7 Vgl. Newsweek, 12. 6. 2006 (»Europe's failing schools«); The Economist, 9. 2. 2006 (»Wasting brains – Germany's school system fails to make the most of the country's human capital«).

8 Kommission der Europäischen Gemeinschaften (2006).

9 Vgl. z.B. Financial Times Deutschland, 15. 11.2006 (»EU moniert frühe Auslese an Schulen – Ministerrat kritisiert deutsches Bildungssystem«, S. 13), auf der Basis einer dpa-Meldung.

10 Vgl. Belfield, Nores, Barnett und Schweinhart (2006).

Quellenangaben der Abbildungen

1.1: Basierend auf OECD (2004a).
1.2: Basierend auf OECD (2004a).
1.3: Die Zeit, 20. September 1974.
S. 32: Wilhelm Buschs Lehrer Lämpel, akg-images
2.1: Eigene Berechnungen anhand des Sozio-oekonomischen Panels (SOEP).
2.2: Basierend auf Barro und Lee (2001).
2.3: Basierend auf de la Fuente (2003), Harmon, Walker und Westergaard-Nielsen (2001) und Card (1999).
2.4: Basierend auf Nickell (2004).
2.5: Basierend auf OECD (2003).
2.6: Basierend auf OECD (2005).
2.7: Eigene Berechnungen basierend auf Hanushek und Wößmann (2007).
2.8: Basierend auf OECD (2005).
2.9: Basierend auf Statistisches Bundesamt (2005b).
3.1: OECD (2004a, S. 102, 358) sowie eigene Berechnungen.
3.2: Wößmann (2005a) und eigene Berechnungen anhand des TIMSS-Datensatzes.
3.3: Basierend auf Fuchs und Wößmann (2004, Tabelle 3a).
4.1: Basierend auf Wößmann (2003c) und Fuchs und Wößmann (2007).
4.2: Eigene Darstellung auf der Basis von Wößmann (2007a, Abbildung 2).
4.3: Wößmann (2005b).
4.4: Wößmann (2005b).
4.5: Wößmann (2005b).
4.6: Wößmann (2007a, Abbildung 5).
4.7: Basierend auf Wößmann (2003c) und Fuchs und Wößmann (2007).
4.8: Wößmann (2005d).
4.9: Wößmann (2005d).
5.1: Basierend auf Schütz, Ursprung und Wößmann (2005) anhand der TIMSS-Mikrodaten.
5.2: Schütz und Wößmann (2006).
5.3: Basierend auf OECD (2004a, S. 398).
5.4: Eigene Darstellung auf der Basis von Schütz, Ursprung und Wößmann (2005).
5.5: Eigene Darstellung auf der Basis von Wößmann (2007a, Abbildung 6).
5.6: Eigene Darstellung auf der Basis von Hanushek und Wößmann (2006).
5.7: Wößmann (2007a, Abbildung 9).

Auflösung des PISA-Tests von S. 15

1. falsch	**2.** falsch	**3.** wahr
4. falsch	**5.** wahr	**6.** falsch
7. wahr		

Weiterführende Literatur

Im Folgenden ist eine Auswahl der wichtigsten Studien angegeben, die den in diesem Buch erwähnten Analysen zugrunde liegen. Ein komplettes Verzeichnis der im Buch zitierten Literatur findet sich im Internet unter: www.zsdebatten.com/schulewoessmann.

Kapitel 1

Einen hervorragenden Überblick über den aktuellen Stand der wissenschaftlichen Forschung auf dem Gebiet der Bildungsökonomik bietet das neue Handbuch der Bildungsökonomik:

- Hanushek, Eric A. und Finis Welch (Hrsg.) (2006). *Handbook of the Economics of Education.* Amsterdam: North Holland.

Ein »Klassiker« der Bildungsökonomik ist die Studie des Nobelpreisträgers Gary Becker:

- Becker, Gary S. (1964/1993). Human Capital: *A Theoretical and Empirical Analysis, with Special Reference to Education.* 3. Auflage. Chicago: University of Chicago Press.

Befunde der letzten PISA-Studie berichten:

- Organisation für wirtschaftliche Zusammenarbeit und Entwicklung (OECD) (2004). *Lernen für die Welt von morgen: Erste Ergebnisse von PISA 2003.* Paris: OECD.
- Prenzel, Manfred, Jürgen Baumert, Werner Blum, Rainer Lehmann, Detlev Leutner, Michael Neubrand, Reinhard Pekrun, Jürgen Rost und Ulrich Schiefele (Hrsg.) (2005). PISA 2003: *Der zweite Vergleich der Länder in Deutschland – Was wissen und können Jugendliche?* Münster: Waxmann.

Kapitel 2

Ein ausführlicher Einstieg in und Überblick über die Literatur zur wirtschaftlichen Bedeutung der Bildung mit neuen Ergebnissen zur Bedeutung der in Testleistungen gemessenen Bildungsqualität für das langfristige Wirtschaftswachstum findet sich in:

- Hanushek, Eric A. und Ludger Wößmann (2007). *The Role of School Improvement in Economic Development.* NBER Working Paper Nr. 12832. Cambridge, MA: National Bureau of Economic Research.

Die Standard-Referenz zur umfangreichen Literatur über individuelle Bildungserträge:

- Card, David (1999). The Causal Effect of Education on Earnings. In: Orley Ashenfelter und David Card (Hrsg.). *Handbook of Labor Economics*, Vol. 3 A, S. 1801-1863. Amsterdam: North-Holland.

Kapitel 3

Eine ausführliche Einführung in die Literatur über Effekte zusätzlicher Ressourcen auf die Schülerleistungen liefert:

- Hanushek, Eric A. (2002). Publicly Provided Education. In: Alan J. Auerbach und Martin Feldstein (Hrsg.). *Handbook of Public Economics*, Vol. 4, S. 2045-2141. Amsterdam: North Holland.

Zwei Studien über die Auswirkungen unterschiedlicher Bildungsausgaben im internationalen Vergleich sowie über die Zeit sind:

- Wößmann, Ludger (2002). *Schooling and the Quality of Human Capital.* Berlin: Springer.
- Gundlach, Erich, Ludger Wößmann und Jens Gmelin (2001). The Decline of Schooling Productivity in OECD Countries. In: *Economic Journal*, Vol.111, Nr. 471, S. C135-C147.

Die im Kapitel beschriebene Evidenz zu Effekten der Klassengröße in Deutschland und anderen europäischen Ländern findet sich in:

- Wößmann, Ludger (2005). Educational Production in Europe. In: *Economic Policy*, Vol. 20, Nr. 43, S. 445-504.
- Wößmann, Ludger und Martin R. West (2006). Class-Size Effects in School Systems Around the World: Evidence from Between-Grade Variation in TIMSS. In: *European Economic Review*, Vol. 50, Nr. 3, S. 695-736.

Die im Kapitel beschriebene Evidenz zu Effekten der Computernutzung findet sich in:

- Fuchs, Thomas und Ludger Wößmann (2004). Computers and Student Learning: Bivariate and Multivariate Evidence on the Availability and Use of Computers at Home and at School. In: *Brussels Economic Review*, Vol. 47, Nr. 3-4, S. 359-385.

Kapitel 4

Ein theoretisches Modell zum Zusammenhang zwischen institutionellen Rahmenbedingungen und Schülerleistungen liefern:

- Bishop, John H. und Ludger Wößmann

(2004). Institutional Effects in a Simple Model of Educational Production. In: *Education Economics*, Vol. 12, Nr. 1, S. 17-38.

Allgemeine Ergebnisse zu den Effekten institutioneller Rahmenbedingungen anhand internationaler Schülerleistungstests liefern:

- Wößmann, Ludger (2003). Schooling Resources, Educational Institutions and Student Performance: the International Evidence. In: *Oxford Bulletin of Economics and Statistics*, Vol. 65, Nr. 2, S. 117-170.
- Wößmann, Ludger (2006). Bildungspolitische Lehren aus den internationalen Schülertests: Wettbewerb, Autonomie und externe Leistungsüberprüfung. In: *Perspektiven der Wirtschaftspolitik*, Vol. 7, Nr. 3, S. 417-444.

Ausführliche Evidenz zu den Effekten von externen Abschlussprüfungen und Schulautonomie im internationalen Vergleich berichtet:

- Wößmann, Ludger (2005). The Effect Heterogeneity of Central Exams: Evidence from TIMSS, TIMSS-Repeat and PISA. In: *Education Economics*, Vol. 13, Nr. 2, S. 143-169.

Ausführliche Evidenz zu den Effekten von Wettbewerb durch nicht-öffentlich geleitete Schulen im internationalen Vergleich berichtet:

- Wößmann, Ludger (2006). *Public-Private Partnerships and Schooling Outcomes across Countries.* CESifo Working Paper Nr. 1662. München: CESifo.

Einen Überblick über US-amerikanische Arbeiten zu Effekten von Wahlfreiheit und Wettbewerb im Schulsystem bietet:

- Hoxby, Caroline M. (2003). School Choice and School Competition: Evidence from the United States. In: *Swedish Economic Policy Review*, Vol. 10, Nr. 3, S. 9-65.

Die Ergebnisse über institutionelle Effekte auf Leistungsniveau und Chancengleichheit im Bundesländervergleich stammen aus:

- Wößmann, Ludger (2007). Fundamental Determinants of School Efficiency and Equity: German States as a Microcosm for OECD Countries. PEPG Research Paper Nr. 07-02. Cambridge, MA: Harvard University, Program on Education Policy and Governance.

Kapitel 5

Die berichteten Ergebnisse zum internationalen Vergleich der Chancengleichheit und ihrem Zusammenhang mit frühkindlicher Bildung und Mehrgliedrigkeit stammen aus:

- Schütz, Gabriela, Heinrich W. Ursprung und Ludger Wößmann (2005). *Education Policy and Equality of Opportunity.* CESifo Working Paper Nr. 1518. München: CESifo.

Zur Bedeutung der frühkindlichen Bildung über den Lebenszyklus siehe die Arbeiten des Nobelpreisträgers Jim Heckman, z.B.:

- Cunha, Flavio, James J. Heckman, Lance Lochner und Dimitriy V. Masterov (2006). Interpreting the Evidence on Life Cycle Skill Formation. In: Eric A. Hanushek und Finis Welch (Hrsg.). *Handbook of the Economics of Education*, Vol. 1, S. 697-812. Amsterdam: North-Holland.

Zu den Effekten der Mehrgliedrigkeit im internationalen Vergleich siehe:

- Hanushek, Eric A. und Ludger Wößmann (2006). Does Early Tracking Affect Educational Inequality and Performance? Differences-in-Differences Evidence across Countries. In: *Economic Journal*, Vol. 116, Nr. 510, S. C63-C76.

Eine umfassende Behandlung des Themas Bildungsgerechtigkeit in Deutschland liefert das erste Jahresgutachten des Aktionsrats Bildung:

- Aktionsrat Bildung (Hans-Peter Blossfeld, Wilfried Bos, Dieter Lenzen, Detlef Müller-Böling, Jürgen Oelkers, Manfred Prenzel und Ludger Wößmann) (2007). Bildungsgerechtigkeit: *Jahresgutachten 2007 des Aktionsrats Bildung.* Wiesbaden: VS Verlag für Sozialwissenschaften.

Eine Reihe neuerer Studien zum Thema Chancengleichheit in der Schule finden sich in:

- Wößmann, Ludger und Paul E. Peterson (Hrsg.) (2007). *Schools and the Equal Opportunity Problem.* Cambridge, MA: MIT Press.

Kapitel 6

Eine sehr gute Einführung in die Bedeutung von Anreizen und andauerndem Hinzulernen im Schulsystem liefern:

- Hanushek, Eric A. mit zahlreichen Co-Autoren (1994). Making Schools Work: *Improving Performance and Controlling Costs.* Washington, D.C.: Brookings Institution Press.